Comment défendre
notre Marine marchande?

Les difficultés présentes
Les résultats de la Législation actuelle
La protection nécessaire
L'effort nécessaire

PARIS

Augustin CHALLAMEL, Éditeur

Rue Jacob, 17

Librairie Maritime et Coloniale

1916

Comment défendre notre Marine marchande?

Les difficultés présentes

Les résultats de la législation actuelle

La protection nécessaire

L'effort nécessaire

Léon BAZIN

Comment défendre
notre Marine marchande?

Les difficultés présentes
Les résultats de la Législation actuelle
La protection nécessaire
L'effort nécessaire

PARIS

Augustin CHALLAMEL, Éditeur

Rue Jacob, 17

Librairie Maritime et Coloniale

—

1916

Extrait de la **Revue Politique et Parlementaire.**

(Août, Septembre, Octobre, Décembre 1915)

Comment défendre
notre Marine marchande ?

LES DIFFICULTÉS PRÉSENTES

Lorsque le législateur de 1866, renonçant aux mesures douanières qui, pendant plus d'un demi-siècle, avaient constitué, pour la Marine marchande, le régime normal de protection, proclamait, pour couvrir son impuissance et apaiser ses scrupules, que la Marine marchande avait besoin d'air, d'espace et de liberté, il reconnaissait du moins que cette liberté devait être complétée par des réformes ; il en traçait lui-même le programme. Programme redoutable dont l'élaboration allait épuiser ses forces et dont la réalisation devait faire trembler ses successeurs. En livrant son œuvre aux délibérations du Corps législatif, la commission chargée de rapporter le projet de loi, tenait à déclarer que la réforme de l'Inscription maritime et l'ensemble des mesures énumérées dans son rapport, au sujet de l'armement des navires, devaient absolument précéder le jour de l'assimilation des pavillons.

Les mesures réclamées par les Chambres de Commerce et auxquelles la commission adhérait sans restriction étaient les suivantes :

« Modifier les dispositions légales qui régissent la propriété du navire :

Reviser complètement le livre II du Code de Commerce ;

Faire accepter par tous les pays la jauge légale française ;

Supprimer la visite des experts visiteurs ;

Simplifier les règlements administratifs qui font dépendre le navire de cinq administrations ;

Donner au titre de propriété du navire les moyens de mobilisation et de transmission faciles ;

Obtenir, par toutes les voies possibles, pour le navire français, un traitement complet de réciprocité dans les ports étrangers ».

Mais cette énumération, déjà longue, ne suffit pas à la commission qui, dans l'élan d'un zèle réformateur où se trahissent ses angoisses, la complète par l'indication d'une nouvelle série d'améliorations dont elle fait ressortir l'utilité en même temps que l'urgence :

« Faculté de désarmer à l'étranger, soit après la vente du navire, soit pour toute autre cause ;

Rapatriement des marins aux frais de l'Etat ;

Faculté de nourrir les équipages selon les usages locaux ;

Faculté de prolonger indéfiniment les voyages et les rôles d'armement, tant pour le cabotage que pour le long-cours ».

Supprimer droits de tonnage et surtaxes de pavillon et proclamer, en même temps, l'absolue nécessité de toutes ces réformes, c'était, en réalité, jeter les bases du seul système de protection qui pût être envisagé et qui, dans un temps plus ou moins éloigné, allait devenir inévitable : dès le 19 mai 1866, le régime des primes était virtuellement créé.

Et, de fait, aucune de ces réformes ne fut accomplie ni même franchement entreprise à l'époque : après de longues études et de longs tâtonnements au cours desquels on revint — ,mais pour quelques mois seulement — aux surtaxes de pavillon, on aboutit, quinze ans après, au système de la protection par les subsides en argent.

Il ne paraît pas utile de nous étendre longuement sur les trois premières lois de primes : loi du 29 janvier 1881, loi du 30 janvier 1893, loi du 7 avril 1902, sur lesquelles tout a été dit ou à peu près. Nous en avons fait, nous-mêmes, une étude détaillée, à laquelle nous nous permettons de renvoyer le lecteur (1).

(1) *La législation protectrice de la Marine Marchande*. A. Challamel, édit., Paris, 1913.

La première, venant après la période de dépression amenée par la loi de 1866, se traduisit d'abord par une augmentation de notre tonnage et par une élévation, très sensible, de la proportion du pavillon français dans la navigation de concurrence. Mais, comme le législateur n'avait assigné qu'une durée de dix années à la loi sans accorder la même durée de prime au navire, la construction diminua au fur et à mesure que se rapprochait l'échéance des dix années et que, par suite, le navire ne devait plus profiter de la prime que pour la période, de plus en plus réduite, qui restait à courir.

La loi de 1893 corrigea cette erreur ; mais on sait que son résultat le plus clair fut, par suite du taux exagéré de la prime allouée aux voiliers, d'amener une construction immodérée de ces navires, dont le tonnage s'accrut, en France, jusqu'à dépasser celui des navires à vapeur, tandis que, partout ailleurs, se produisait le phénomène inverse, beaucoup plus rationnel.

Quant à celle de 1902, il suffira de citer la conclusion du rapport de M. Millerand, au nom de la Commission extra-parlementaire chargée, à la suite de l'échec de cette loi, d'en préparer une autre : « Notre seule ambition, disait l'éminent président de la commission, en présence de la situation critique créée par les limitations de la loi de 1902, est d'empêcher la disparition de la Marine marchande française. »

Cette loi nouvelle, créée sous d'aussi fâcheux auspices, c'est la loi du 19 avril 1906. Elle alloue : 1° des primes à la construction (coques et machines) aux navires construits en France et destinés, soit à la Marine marchande française, soit aux marines marchandes étrangères : 2° des compensations d'armement aux navires — construits en France ou à l'étranger — mais naviguant sous pavillon français.

La durée en a été fixée à 12 ans par l'article 14. D'autre part, aux termes de l'article 4, dernier paragraphe, la compensation d'armement est payée à chaque navire placé sous le régime de la présente loi, jusqu'à ce qu'il ait atteint l'âge de 12 ans révolus. D'où il résulte que des navires pourront être construits en France avec le bénéfice de la prime jusqu'au 19 avril 1918 et que tous les navires francisés avant cette dernière date, bénéficieront, pour leur navigation, de la compensation d'armement, pendant les douze ans qui leur sont impartis.

Le 19 avril 1930 marque donc l'échéance à laquelle les derniers navires, francisés avant l'expiration des douze années fixées par l'article 14 pour la durée de la loi, cesseront d'avoir droit à la compensation d'armement : mais c'est seulement jusqu'au 19 avril 1918 que pourront se créer les unités susceptibles de bénéficier de la loi. C'est à cette date que la loi elle-même cessera d'exister.

C'est elle qu'il s'agit de proroger, de modifier ou de remplacer.

Il est à peine besoin de signaler l'importance de la question. Le régime de la Marine marchande, qu'il se manifeste par des taxes douanières, comme en France jusqu'en 1866, qu'il consiste en mesures de protection diverses, plus ou moins directes, plus ou moins apparentes, comme en Norvège et en Allemagne, ou qu'il se traduise par des primes et subventions, comme en Italie, en Autriche, en Espagne, en Russie ou au Japon, a toujours été l'une des grandes préoccupations de tous les gouvernements, en France comme à l'étranger. Les primes sont de plus en plus critiquées ; en fait, elles se répandent de plus en plus, et cela se comprend. Le commerce maritime est le plus difficile de tous et comme il est la manifestation la plus apparente, en même temps que la plus réelle, de la puissance économique d'un pays, les pouvoirs publics n'ont pas hésité, lorsqu'il le fallait, à aider directement l'armement national et à lui donner les moyens de lutter contre les concurrents. Il n'est pas, je pense, un gouvernement qui ne comprenne que les intérêts de l'armement se confondent avec les intérêts généraux du pays, et que les succès d'une grande entreprise de navigation sont une victoire pour la nation dont elle porte le pavillon.

Il importe donc, au plus haut point, au moment où nous approchons de l'échéance de la loi en vigueur, d'examiner les résultats obtenus et d'envisager, sinon une modification complète du régime, du moins les améliorations possibles et souhaitables.

Le problème devient singulièrement difficile aujourd'hui. L'ancien programme de 1866 subsiste presque en entier, aggravé même sur certains points, et d'autres articles sont venus s'y ajouter. Les raisons, qui ont imposé les primes, n'ont rien perdu de leur valeur ; elles en ont acquis une nouvelle. Ce système qui, dans certaines conditions déterminées et pour une durée provisoire, peut rendre de grands services et sauver une situation critique, mais qui, comme régime normal et permanent, se justifie plus difficilement, tend à devenir définitif à un moment où, pourtant, l'Etat va être obligé de réduire ses dépenses.

Sans doute, le champ d'action de notre commerce maritime s'élargira par la disparition de concurrents redoutables : nous y comptons, nous en sommes sûrs. Mais, dans quelles conditions notre pavillon pourra-t-il en entreprendre la conquête, et l'entreprendre immédiatement ? D'autres concurrents sont là, qui guettent la place à prendre, et bientôt, peut-être ils l'auront. Alors il sera trop tard, car la règle qu'une place assiégée est une place prise est moins exacte en matière économique qu'en matière militaire. Une situation se conserve beaucoup plus facilement qu'elle ne se conquiert. L'essentiel est de conquérir vite.

Or de quelles ressources disposera notre flotte commerciale pour affronter la lutte ? Faible déjà, au commencement des hostilités, elle a vu ses moyens d'action diminuer encore. Les chantiers de construction, privés d'une partie de leur personnel et absorbés par des travaux urgents de défense nationale, n'ont pu livrer à l'armement toutes les commandes d'avant la guerre, ni, à plus forte raison, suffire au remplacement des navires coulés par l'ennemi et aux besoins nouveaux du trafic. Nos armateurs ont peine à trouver sur le marché mondial des unités qui deviennent de plus en plus rares. Les facilités obtenues de l'Amirauté anglaise, pour l'admission de nos nationaux à l'adjudication des prises britanniques, pourront peut-être pallier ces inconvénients, mais cela est encore incertain, car l'extrême élévation du prix rend l'opération presque impossible et les avantages illusoires.

Quant à nos captures, elles permettront, sans doute, de compenser nos pertes, mais, pour le moment, l'Etat est contraint de les utiliser pour ses besoins.

D'autre part, c'est surtout en France — on l'oublie un peu trop — que les nécessités de la défense nationale constituent une gêne considérable pour l'armement. J'entends au point de vue que je viens de signaler et qui est le point capital pour le relèvement de notre Marine marchande, c'est-à-dire *la conquête des lignes laissées libres par la disparition du pavillon ennemi, l'entrée de nos navires dans des ports dont ils ne pouvaient guère s'approcher jusqu'ici, l'établissement de notre influence et l'apport de nos produits dans des régions qui leur étaient en quelque sorte interdites.*

Que l'Amirauté britannique emploie pour les services de l'Etat un tonnage d'environ 4 millions qu'elle emprunte à l'armement, qu'importe pour l'ensemble de la flotte qui s'élevait à plus de 20 millions de tonnes ? — Il reste encore au commerce maritime une masse puissante de 16 millions de tonneaux qui a toute sa liberté d'action et qui en profite. En France, au contraire, où le tonnage atteint à peine 2 millions 1/2, l'affectation d'un million seulement aux nécessités de la guerre représente une proportion considérable et d'autant plus sensible qu'elle se compose des unités les plus vigoureuses. Certes, les besoins de la défense nationale doivent primer toute autre considération et personne n'oserait critiquer un tel emploi de notre flotte ; mais il n'en est pas moins vrai qu'en fait —je raisonne uniquement en fait — l'action normale de notre marine de commerce se trouve amoindrie et sa force d'expansion complètement annihilée.

Si, des 1.200.000 ou 1.500.000 tonneaux qui restent et qui conservent une certaine indépendance, on considère qu'une partie sensible est accaparée, dans la pratique, par certains transports spéciaux nécessités par l'obligation d'aller chercher ailleurs les charbons, les tissus, les mille objets que l'envahissement de notre territoire et l'occupation de nos mines et de nos usines ne nous permettent plus de trouver chez nous, que reste-t-il pour la conquête de nouvelles situations, pour la création de nouvelles lignes, pour le développement de notre trafic à travers le monde ?

Que si nous jetons un regard sur nos autres concurrents, la situation est aussi frappante, car la plupart des flottes alliées ou neutres ont la libre disposition de presque tout leur tonnage et la maîtrise de leurs mouvements.

Enfin, il faut ajouter la diminution du frêt de sortie, déjà trop rare en temps ordinaire, les difficultés de recrutement du personnel naviguant, de chargement ou de déchargement des navires, l'encombrement des ports.

Il ne s'agit plus maintenant de polémiquer, ni de critiquer, ni d'élaborer de vastes projets, il faut compter avec les réalités, et les réalités, les voici :

Nombreuses places à prendre, la plupart de nos concurrents tout prêts et bien armés, notre armement commercial très réduit et limité dans ses moyens d'action.

Et cette situation coïncide avec la prochaine expiration d'une loi de protection, onéreuse pour le Trésor, mais indispensable à l'armement.

Restent, sans doute, les réformes ; celles dont le plan a été tracé, il y a cinquante ans, et celles dont le besoin n'avait pas encore apparu à cette époque. M. Colson, dans son étude sur la *Tâche de demain*, signalait récemment, ici même, une des plus importantes : la réforme du pilotage et la diminution de ses tarifs. Les quelques réductions, opérées ces dernières années, n'ont pas correspondu à l'énorme accroissement du tonnage des navires : les recettes de certaines stations sont devenues exorbitantes et les gains des pilotes représentent, en plus du prix raisonnable du service rendu, *un véritable impôt*, ce qui, comme le fait remarquer l'éminent conseiller d'Etat, constitue une violation de ce principe essentiel qu'aucun impôt ne doit être établi au profit de particuliers. Que l'on réalise la réforme au profit du commerce maritime et des stations de pilotage plus pauvres, comme le projet en avait été formé avant la guerre, ou au profit de l'Etat, comme le suggère aujourd'hui M. Colson, peu importe. L'Etat, dans ce dernier cas, trouverait dans ces ressources qui lui reviennent normalement la contre-partie de dépenses utiles à la Marine marchande.

Il y aurait aussi quelques retouches à faire à notre législation sur l'émigration. La loi de 1860 a été conçue dans un but exclusif de protection de l'émigrant, sans aucun souci d'en favoriser le transport par pavillon français, tandis que nos concurrents, soit par leur législation, soit par des mesures administratives rigoureuses et appliquées sans faiblesse, défendent avec un soin jaloux les intérêts de leurs transporteurs. Il serait intéressant de réglementer avec plus de sévérité la profession d'agent d'émigration, de n'accorder les autorisations nécessaires qu'aux compagnies de navigation ; et, si les conventions internationales ne permettent pas de les refuser aux compagnies étrangères, de leur imposer la même patente qu'aux compagnies françaises ; de contrôler minutieusement le transit des émigrants, de veiller à ce que nos tarifs spéciaux de chemins de fer ne soient pas détournés de leur objet et utilisés abusivement au profit d'émigrants empruntant des lignes de navigation étrangères.

La création de zones franches et de ports francs comme il en existe à Hambourg, à Copenhague et dans d'autres ports étrangers, donnerait sans doute à la construction navale, à l'armement, aussi bien qu'aux grandes industries, le moyen de se développer librement. Un projet de loi a été déposé, il y a dix ans, en vue de cette création mais il n'est jamais venu en discussion.

On pourrait également trouver dans les tarifs de chemins de fer et dans certaines modifications au régime des voies de navigation intérieures, de même que dans l'organisation de nos ports, ou encore dans l'organisation du crédit maritime, déjà réclamée et proposée en 1872, des combinaisons susceptibles de favoriser le commerce maritime et, par suite, d'aider au développement de l'industrie des transports par mer.

L'exécution de ce vaste programme entraînera-t-elle la disparition des primes ? C'est vers ce but que doivent tendre tous nos efforts. Mais combien de temps attendrons-nous les réalisations susceptibles d'amener ce résultat ? L'expérience de 1866 doit, sur ce point, nous rendre défiants.

Il faut, aujourd'hui plus que jamais, ménager les ressources du Trésor; les dures épreuves du temps présent nous en font un impérieux devoir. Mais il ne faut pas oublier que toute dépense faite pour assurer la prospérité d'une industrie d'ordre public, oserai-je dire, comme la Marine marchande, se récupère ensuite avec gros intérêts par les augmentations de taxes, d'impôts, de produits divers résultant du développement du trafic, des échanges, de la richesse publique.

L'essentiel, si une suppression complète n'est pas possible immédiatement, c'est que, tout au moins, elle soit amenée par étapes, que les dépenses indispensables soient effectuées avec ménagement et que les lois qui les autorisent soient assez judicieusement agencées pour produire le maximum d'effet utile.

C'est ce qu'il faudra demander à la législation nouvelle, à l'échéance de la loi du 19 avril 1906.

LES RÉSULTATS DE LA LÉGISLATION ACTUELLE

Une idée simple et pratique se fait quelquefois difficilement accepter et n'entre dans le domaine des réalisations qu'après des résistances d'autant plus opiniâtres que le problème est plus ardu. Il semblerait qu'une situation difficile exige une solution complexe.

Lorsque, après de longs tâtonnements, on se fut décidé, en 1879, à recourir, pour venir en aide à la Marine marchande, au régime des primes, un homme politique, qui connaissait admirablement les questions financières et commerciales, mais dont l'autorité ne s'était pas encore imposée, M. Rouvier, avait suggéré au Parlement un système extrêmement simple qui, sans accorder à l'armement commercial aucun subside, pouvait lui assurer, avec une liberté suffisante, le maximum de protection : il proposait d'allouer au constructeur — mais au constructeur seulement — une prime telle qu'il fût en mesure de fournir le navire à un prix aussi bas, plus bas même que son concurrent étranger ; il libérait de la sorte l'armateur de la charge initiale que faisait peser sur lui la cherté de son instrument de travail et le mettait en état d'affronter la lutte dans des conditions d'égalité, de supériorité même, vis-à-vis de ses concurrents.

La protection ainsi comprise eût-elle suffi pour faire sortir la Marine marchande du marasme dans lequel elle végétait ? Très probablement. En tout cas, il semble que l'on n'ait pas aperçu, à l'époque, le véritable intérêt du système. D'autre part, l'accord était loin d'être parfait entre constructeurs et armateurs. Aussi le sentiment de défiance qui existait entre eux uni à l'obsédante préoccupation de sauver l'armement en détresse, fit obstacle à l'adoption de la proposition de M. Rouvier et détermina le Parlement à accorder une double allocation. La construction ne reçut ainsi qu'une protection assez faible et dont l'effet était encore réduit par l'octroi de la demi-prime de navigation aux navires de construction étrangère réclamée par les armateurs. Ceux-ci bénéficiaient d'une prime distincte. Les subsides ainsi répartis constituaient un encouragement destiné à apporter une aide aux deux industries plutôt qu'un régime rationnel, leur permettant de vivre et de se développer dans des conditions normales.

On donnait au constructeur un subside correspondant à peu près aux droits de douane sur les matières premières, mais ne tenant pas compte de tous les facteurs qui rendaient la construction française plus coûteuse que la construction étrangère : par exemple, impossibilité de construire en séries, cherté de la main-d'œuvre, frais de transport des matériaux, etc..., insuffisant, par suite, pour lui permettre de livrer un navire au même prix que son concurrent étranger. Et comme on n'accordait la totalité de la prime à la navigation qu'aux navires de construction française, l'armateur, pour en bénéficier, se trouvait obligé de payer son navire plus cher; en réalité, une partie de sa prime retournait au constructeur. De cette façon, constructeur et armateur se trouvaient sous la dépendance l'un de l'autre, et ce dernier, dont la navire était grevé d'une véritable hypothèque qui pesait sur toute son existence, ne profitait pas de la totalité de la prime dont il semblait être l'unique bénéficiaire.

Sous la loi de 1893, cet inconvénient se trouve encore accentué, car les constructeurs font retirer la demi-prime de navigation aux navires construits à l'étranger. Ils sont maîtres de la situation.

La loi de 1902 laisse subsister cette subordination, ce mélange des intérêts. Cependant les armateurs obtiennent la création d'une compensation d'armement — prime réduite — pour les navires construits à l'étranger. C'est leur revanche, mais les limitations de crédit introduites pendant la discussion ne leur permettent guère de profiter de leur avantage et faussent d'ailleurs complètement le jeu de la loi.

Enfin, en 1906, les tiraillements vont cesser. La séparation des deux industries est faite, leur indépendance établie. On en revient au système proposé en 1879 par M. Rouvier : la prime à la construction est calculée de façon à donner le navire français au même prix que celui qui sort des chantiers anglais. Mais comme la Marine marchande ne paraît pas en état de vivre par ses propres moyens, on lui accorde une compensation d'armement, beaucoup moins élevée que l'ancienne prime.

La prime à la construction instituée par le législateur de 1906 a été évaluée, après des enquêtes très minutieuses et des études approfondies, de façon à établir l'égalité complète entre le navire construit en France et le navire construit en Angleterre. Par suite, le constructeur peut fournir à l'armateur son navire à un prix tel que celui-ci se trouve sur un pied absolu d'égalité, à ce point de vue du moins, avec son concurrent étranger. D'ailleurs, l'armateur est maintenant libre d'acheter son navire à l'étranger sans perdre le bénéfice de la prime qui est allouée à la navigation sans aucune condition d'origine. Mais comme, par suite de la prime à la construction, le navire reviendra au même prix, qu'il soit acheté en France ou à l'étranger, les intérêts de la construction navale et de la métallurgie françaises se trouvent suffisamment défendus.

Ceci posé, la question de la protection de l'armement se simplifie. Il ne s'agit plus que de peser les charges qui grèvent le pavillon national et le mettent en état d'infériorité vis-à-vis du pavillon étranger, et de lui accorder une protection qui compense ces charges, aussi rigoureusement que possible. Cette protection peut être une atténuation des rigueurs de la réglementation, ou une série de mesures, de combinaisons, d'avantages divers, ou une subvention. La loi de 1906 s'est arrêtée à ce dernier moyen et a continué le système d'allocations pécuniaires employé par les lois antérieures. Ayant, d'autre part, en augmentant la prime du constructeur, donné à l'armateur un premier avantage appréciable, celui de diminuer la charge initiale qui lui était imposée autrefois, elle n'eut plus à considérer que les charges spéciales de l'armement sous pavillon français et put se contenter d'allouer, sous le nom de compensation d'armement, une prime, beaucoup plus faible, destinée à compenser ces charges.

En résumé, au lieu d'une subordination étroite de deux industries, très voisines sans doute, mais dont les caractères sont tout différents et dont la vie doit se poursuivre en toute indépendance, en toute liberté, séparation des intérêts de ces deux industries. La prime à la construction devient ce qu'elle est en réalité, une prime industrielle ayant pour objet de maintenir en France la construction navale dans un triple but de défense nationale, de défense économique et de défense sociale. Les intérêts de la Marine marchande, du commerce maritime proprement dit, seront, comme cela doit être, considérés à part et seront protégés par la compensation d'armement.

*
* *

La construction navale a pris un grand développement depuis la loi de 1906. Elle s'est surtout accrue durant ces dernières années et promettait de se développer encore lorsque la guerre a éclaté.

Si l'on compare les constructions effectuées sous le régime des différentes lois, on relève les chiffres suivants :

Loi de 1881	473.964 tonneaux
Loi de 1893	887.992 —
(dont plus de 500.000 tonneaux de voiliers).	
Loi de 1902	360.000 —
Loi de 1906	782.755 — (1)
(Jusqu'au 31 décembre 1913).	

Ces chiffres font apparaître en faveur de la loi de 1906, une situation à la fois plus brillante, plus solide et plus saine, car la construction, du chef de la loi de 1906, a déjà atteint, avant l'échéance de cette loi, un chiffre beaucoup plus élevé que celles de 1881 et 1902 pour toute leur durée, et si, pour la loi de 1893, nous relevons un tonnage plus important, il

(1) Nous avons dû, dans les différents renseignements statistiques, nous arrêter à la date du 31 décembre 1913, d'abord parce que les statistiques de 1914 ne sont pas toutes terminées, puis parce que les résultats de 1914, en raison de la situation des 5 derniers mois, ne sont pas normaux et interdiraient toute comparaison raisonnable avec les autres années.

ne faut pas oublier qu'il n'a été obtenu que par une construction anormale de voiliers provoquée par les encouragements exagérés octroyés à cette navigation, tandis que le tonnage de la loi de 1906 ne comporte presque exclusivement que des navires à vapeur. D'autre part, il porte sur 10 années, tandis que celui de la loi de 1906 porte sur 8.

Si maintenant nous établissons la situation comparative de la flotte française existante, depuis la naissance de la loi de 1906 jusqu'au 31 décembre 1913, tout compte fait des augmentations par suite de constructions ou d'achats, et de disparitions par suite d'accidents ou de ventes, nous relevons les chiffres suivants :

Années	Navires à voiles (tonnage brut)	Navires à vapeur (tonnage brut)	Totaux	Augmentations par rapport à 1906
1906.........	783.751	1.264.201	2.047.952	
1907.........	764.457	1.305.227	2.069.684	21.732
1908.........	752.230	1.419.346	2.171.576	123.624
1909.........	739.896	1.425.514	2.165.410	117.458
1910.........	737.111	1.444.650	2.181.761	133.809
1911.........	721.722	1.487.242	2.208.964	161.012
1912.........	715.799	1.615.518	2.331.317	283.365
1913.........	700.000	1.770.000	2.470.000	422.048 (1)

L'augmentation d'ensemble que fait ressortir ce tableau est d'autant plus frappante que, pendant la période envisagée, le tonnage des grands voiliers, non seulement ne s'est pas augmenté par suite des conditions défavorables faites intentionnellement à cette navigation par la loi de 1906, mais n'a cessé de décroître par la disparition des unités existantes.

La construction navale, comme nous venons de le voir, a été très active durant ces dernières années ; elle l'eut été sans doute davantage si le législateur de 1906, pour limiter les sacrifices du Trésor jusqu'à l'expiration de la loi de 1902, c'est-à-dire jusqu'en 1912, n'avait imposé un maximum de 50.000 tonneaux par an.

En effet, ce maximum, tant qu'il a duré, a toujours été atteint ; lorsqu'il a cessé, la construction s'est rapidement développée, montant à 100.000 tonneaux, 150.000 tonneaux

(1) Pour les années 1906 à 1912 inclus, les chiffres ci-dessus sont les chiffres définitifs de la statistique de l'Administration des Douanes. Pour l'année 1913, les chiffres cités ne sont qu'approximatifs et ont été obtenus d'après la statistique du Bureau Véritas.

par an et même plus, et cela est d'autant plus à noter que le législateur, pour inciter le constructeur à transformer ses méthodes et son outillage et à réduire ses frais, faisait décroître sensiblement le taux de la prime qui, du chiffre de 145 francs par tonneau au début, devait, par réductions annuelles de 4 fr. 50, descendre jusqu'au chiffre de 100 francs.

Et cependant, les sociétés de construction, améliorant leurs procédés, perfectionnant leur outillage, n'ont cessé de se développer et étaient, pour la plupart, très prospères lorsque les événements sont venus arrêter presque complètement les constructions en cours qui allaient atteindre un tonnage inconnu jusqu'ici.

En ce qui concerne le mouvement de la navigation dans nos ports, les statistiques douanières accusent, pour le tonnage de jauge des navires entrés et sortis, les chiffres suivants :

Années	Tonnage des navires français	Tonnage des navires étrangers	Total	Proportion du tonnage français
1907	11.382.883	34.220.400	45.603.283	25 p. 100
1908	12.341.224	35.439.742	47.780.966	25,8 p. 100
1909	12.614.087	36.141.863	48.755.950	25,9 p. 100
1910	13.007.208	37.595.812	50.603.020	25,7 p. 100
1911	13 737.291	38.604.427	52.341.718	26,2 p. 100
1912	14.258.234	39.736.665	53.994.899	26,3 p. 100
1913	15.782.143	44.738.313	60.520.557	26,1 p. 100
1914	3.830.568	10.651.906	14.482.474	26,4 p. 100

(3 premiers mois).

Si, au lieu du tonnage des navires, on prend le poids et la valeur des marchandises entrées en France et sorties de France, on obtient une proportion sensiblement égale ; elle varie de 30 0/0 en 1907 à 31 environ en 1914.

Ces résultats sont moins brillants que ceux de la construction. Il est d'ailleurs normal que les effets d'un accroissement de tonnage sur le mouvement de la navigation ne se fassent sentir qu'un certain temps après la mise en service des unités nouvelles.

Il faut cependant noter que le pourcentage se relève, très lentement, sans doute, mais d'une façon à peu près constante; depuis 4 ans, il a dépassé 26 0/0. Il serait même aujourd'hui beaucoup plus considérable : il est, au commencement de

'915, de 34 0/0. Mais aucune conclusion ne peut être tirée de .e dernier chiffre, en pleine période d'hostilités.

*
* *

Quelle a été jusqu'ici, pour le Trésor public, la charge de la loi de 1906 ? Comment se répartit la dépense ? Quelle part des subventions dites à la Marine marchande revi…ent aux constructeurs et à l'industrie métallurgique ? Quelle part aux gens de mer ? Quelle part aux armateurs ?

Quelle est l'importance des charges de cette loi comparée à celles de la loi de 1902 ? Quelle dépense entraînerait, pour un tonnage déterminé, la continuation de la loi, sur le taux actuel des allocations ?

Il est du plus haut intérêt d'élucider ces différentes questions.

Le tableau ci-dessous donne le total des dépenses, résultant de la loi de 1906, depuis sa promulgation jusqu'au 31 décembre 1913.

Années	Primes à la construction	Compensation d'armement	Chiffre de subventions à la Caisse des Invalides et à la Caisse de Prévoyance	Total
1906	2.841.304	367.204	247.200	3.455.708
1907	5.524.098	1.001.324	516.120	7.041.542
1908	11.130.995	2.570.227	963.020	14.664.242
1909	9.393.599	3.391.923	1.070.000	13.855.522
1910	8.859.721	4.173.639	1.275.000	14.308.360
1911	10.955.432	4.545.864	1.393.200	16.894.496
1912	19.097.828	5.036.080	1.567.500	25.701.408
1913	18.043.265	6.300.225	2.057.750	26.401.240
	85.846.242	27.386.486	9.089.790	122.322.518

Les chiffres de cette situation fournissent des renseignements très précis sur les dépenses effectuées jusqu'ici ; ils ne peuvent être pris comme base d'une statistique pour l'évaluation des dépenses probables de la loi, pas plus que pour la détermination des sommes revenant à chacun des bénéficiaires. Ils ne peuvent davantage servir de terme de comparaison avec la loi précédente. De telles constatations, de telles comparaisons ne sauraient donner d'indications précises, qu'à condition d'être faites seulement lorsque le dernier navire construit aura épuisé les 12 années pendant lesquelles il bénéficie de la compensation d'armement, c'est-à-dire après 1930, pour la loi de 1906, puisque c'est seulement à ce moment que les navires construits pendant les derniers temps de cette loi cesseront de recevoir la compensation d'armement.

Si l'on veut avoir une donnée exacte, tant du coût de cette loi pour le Trésor Public que de la part revenant à chaque catégories de bénéficiaires, constructeurs, armateurs et gens de mer, si l'on veut, d'autre part, comparer avec la loi de 1902, il faut prendre un tonnage déterminé et faire l'évaluation, pour chacune des lois, des dépenses qu'entraîneraient, pour ce tonnage, les primes à la construction, les compensations d'armement et les subventions aux Caisses des gens de mer.

Loi de 1906. — 1°) Construction (1). — Le taux de la prime est de 145 francs par tonneau de jauge pour la coque, avec décroissance annuelle de 4 fr. 50 jusqu'à ce que le taux ait été abaissé à 100 francs, au-dessous duquel il ne doit pas descendre ; à 27 fr. 50 par 100 kilogs pour les machines, avec décroissance de 0 fr. 75, jusqu'à 20 francs dans les mêmes conditions. L'expérience permet de constater qu'à chaque tonneau de jauge correspond environ 125 à 130 kilogs de machines (2), qu'il faut presque doubler en raison de ce que la plupart des machines doivent être remplacées une fois avant la fin de l'existence du navire.

Si l'on prend les taux de 100 et de 20 francs, qui sont les taux définitifs (les autres échelons devant être considérés comme provisoires, pour permettre d'arriver au taux de 100 francs), nous avons 100 francs par tonneau pour la coque, plus 2 fois 25 ou 50 francs pour les machines, soit 150 francs de prime totale par tonneau de jauge brute, soit :

Pour un navire de 1.000 tonneaux........ .	150.000 francs
Pour un navire de 5.000 tonneaux........ .	750.000 —
Pour une flotte de 500.000 tonneaux......	75.000.000 —

(1) Nous ne prenons que le taux des navires à vapeur, la construction des voiliers étant peu importante.
(2) Cette proportion était moins élevée autrefois ; elle tend à augmenter.

2° *Navigation*. — Si l'on admet, d'après les données de l'expérience, un taux moyen de 0 fr. 037 comme taux de compensation par tonneau et un armement annuel de 300 jours (1), on aura à peu près 11 francs par tonneau et par an, soit 130 francs environ par tonneau pour les 12 années accordées à chaque navire, c'est-à-dire :

Pour un navire de 1.000 tonneaux........   130.000 francs
Pour un navire de 5.000 tonneaux........   650.000 —
Pour une flotte de 500.000 tonneaux......   65.000.000 —

3° Attributions aux Caisses des Invalides et de Prévoyance 6 0/0 des primes à la construction, soit :

Pour un navire de 1.000 tonneaux........   9.000 francs
Pour un navire de 5.000 tonneaux........   45.000 —
Pour une flotte de 500.000 tonneaux......   4.500.000 —

Et 11 0/0 des compensations d'armement, soit :

Pour un navire de 1.000 tonneaux........   14.300 francs
Pour un navire de 5.000 tonneaux........   71.500 —
Pour une flotte de 500.000 tonneaux......   7.150.000 —

Au total, le paiement des primes à la construction et des compensations d'armement, ainsi que des allocations aux gens de mer, pendant 12 ans, pour une flotte de 500.000 tonneaux de jauge brute totale, entraînerait une dépense de :

Constructeurs ....   75.000.000 francs
Armateurs ....   65.000.000 —
Gens de mer ....   11.650.000 —
                                 _____
                                 151.650.000 —

Loi de 1902. — 1° Construction. — Le taux de la prime à la construction étant uniformément, pendant toute la durée de la loi, de 65 francs par tonneau pour la coque et de 15 francs par 100 kilogs de machines, nous aurons, d'après le calcul suivi pour la loi de 1906, 65 francs plus 2 fois 17 fr. 75 ou 37 fr. 50, 102 fr. 50 par tonneau de jauge brute, soit :

Pour un navire de 1.000 tonneaux........   102.500 francs
Pour un navire de 5.000 tonneaux........   512.500 —
Pour une flotte de 500.000 tonneaux......   51.250.000 —

(1) On avait escompté, dans les prévisions de la loi, 330 jours d'armement par an ; ce chiffre est un maximum. D'autre part, il faut tenir compte que, plus le navire prend d'âge, plus souvent il est arrêté par

2° Navigation. — La prime à la navigation, d'après les calculs faits en 1902 par l'Administration des Douanes, et dont les prévisions ont été assez exactement confirmées par l'expérience, ressortirait à 592 francs par tonneau pour les 12 années, soit :

Pour un navire de 1.000 tonneaux........ . 592.000 francs.
Pour un navire de 5.000 tonneaux........   2.960.000   —
Pour une flotte de 500.000 tonneaux...... 296.000.000   —

3° Pour la loi de 1902, les prélèvements au profit de la Caisse des Invalides et de Prévoyance étaient déduits des primes au lieu d'être inscrits à part au budget comme dans la loi de 1906. Il n'y a donc pas lieu de les faire figurer dans notre calcul puisqu'ils se trouvent compris dans les chiffres que nous venons d'indiquer. Toutefois, si l'on veut se rendre compte exactement de la part revenant aux constructeurs, aux armateurs et aux gens de mer, on déduira, au profit de ces derniers :

6 0/0 des primes à la construction, soit ....   3.075.000 francs
Et 11 0/0 des primes à la navigation, soit .. 32.560.000   —
                                                _____
                                                35.635.000 francs

Au total, le paiement des primes à la construction et à la navigation, allocations aux gens de mer comprises, serait de 51.250.000 francs, plus 296.000.000 francs, soit 347.250.000 francs.

En définitive, au point de vue de la dépense du Trésor, la comparaison du coût des deux lois pour la construction et la navigation pendant les douze années imparties, d'une flotte de 500.000 tonneaux, donnerait respectivement :

Loi de 1906.............   151.650.000 francs
Loi de 1902.............   347.250.000 francs

On voit, par ces chiffres, que la loi du 19 avril 1906 est infiniment moins onéreuse pour le Trésor que sa devancière, puisqu'elle ne représente même pas la moitié des dépenses de celle-ci.

les réparations, les remplacements de machines, etc..; le chiffre de 300 jours d'armement annuel paraît donc suffisant pris sur la période assez longue de douze années.

Une autre constatation très intéressante, c'est la répartition des allocations entre les différents bénéficiaires. De ces subventions que l'on considère généralement comme profitant à l'industrie naviguante, aux armateurs, à la Marine marchande, en un mot, à qui, de par le titre même de la loi, elles semblent exclusivement réservées, la part la plus considérable, 75 millions, est allouée à une industrie fort intéressante, sans doute, mais en quelque sorte extérieure à la Marine marchande proprement dite. Une partie relativement élevée, près de 12 millions, va à la Caisse des Invalides et à la Caisse de Prévoyance, c'est-à-dire aux gens de mer. Enfin, l'armement reçoit 65 millions sur 151 millions 650.000 francs soit moins de la moitié des subventions totales, part assurément peu élevée si l'on considère que la loi paraît avoir été faite surtout pour lui.

*
* *

La loi du 19 avril 1906 n'a encouru aucun des violents reproches qui s'étaient appesantis sur ses devancières. L'armement a seulement fait remarquer que, depuis l'évaluation faite en 1904 des charges qui motivaient la compensation d'armement, de nouveaux actes législatifs ou réglementaires étaient intervenus qui avaient amené l'augmentation de ces charges. Ce reproche ne visait d'ailleurs pas l'économie générale de la loi, ni les principes qui l'avaient inspirée. Et c'est précisément à la justesse de la conception nouvelle du législateur de 1906, — je devrais dire, plus exactement, de la Commission extraparlementaire du Ministère du Commerce qui, sous la vigoureuse impulsion de son éminent président M. Millerand, eut le mérite de mettre l'œuvre sur pied, — qu'est dû l'heureux résultat.

Si la prime allouée, au début, à la construction navale est fort élevée (1), elle décroît du moins rapidement et d'une façon très sensible, puisqu'elle passe de 145 francs à 100 fr.

(1) Cette prime est cependant beaucoup moins élevée encore que dans certains pays, notamment en Russie où elle s'élève jusqu'à 105 roubles par tonne pour certains navires, avec taux décroissant comme en France.

par tonneau en 10 ans, et le constructeur, pouvant profiter de ce délai pour améliorer graduellement son outillage et ses procédés, trouvant dans les taux offerts une rémunération suffisante, accepte, sans en prendre ombrage, la concurrence des chantiers étrangers contre lesquels il est en état de lutter.

Quant à l'armateur, libre d'acheter son navire où il veut, mais sûr de l'obtenir en France au même prix qu'à l'étranger, il se trouve allégé de la charge supplémentaire, que faisait autrefois peser sur lui, lorsque la prime à la construction était insuffisante et l'achat du navire en France imposé, l'extrême élévation du prix de nos chantiers. C'est pourquoi il peut se contenter d'une compensation d'armement qui n'est guère que le quart de l'ancienne prime et il y trouve encore son avantage. Il n'a plus à supporter, en effet, le poids initial d'un supplément de prix et avec ce supplément, l'amortissement, l'assurance et les intérêts des sommes qu'il devait emprunter à cet effet, à un taux souvent très élevé. Il profite, en un mot, de tout ce qui profitait autrefois à ses assureurs et à ses banquiers.

Et l'Etat aussi trouve son avantage à cette combinaison, car, payant plus tôt, ce qui a beaucoup moins d'inconvénients pour lui que n'en a, pour l'armateur, un paiement différé, il peut accorder beaucoup moins à celui-ci, tout en lui rendant le même service.

Après une expérience de neuf années, nous pouvons donc faire les constatations suivantes :

1° La loi du 9 avril 1906 n'a suscité aucune de ces vives critiques qui s'étaient de toutes parts élevées contre les lois précédentes.

2° Malgré la diminution du tonnage de la flotte de voiliers dont elle empêchait le renouvellement, l'ensemble de la flotte française s'est sensiblement accru.

3° Le mouvement de notre navigation accuse une légère augmentation du tonnage français dans l'ensemble des entrées et des sorties.

4° La loi de 1906 est beaucoup moins lourde pour le Trésor que la législation antérieure.

LA PROTECTION NÉCESSAIRE

Si l'on devait considérer le régime de primes comme excellent en soi et le plus apte à assurer le développement des industries maritimes, il n'y aurait pas, semble-t-il, d'hésitation possible sur les conclusions à tirer de l'étude de la dernière loi : c'est assurément la meilleure qui ait été faite depuis que le régime existe et le mieux est de la renouveler.

Si, au contraire, il ne doit être envisagé que comme un pis aller, comme un expédient momentané, on pourrait tirer argument des circonstances actuelles pour ne pas prolonger l'expérience. La loi de 1906 a, d'ailleurs, rendu plus facile une réforme de cette nature par la précision avec laquelle elle a posé le problème, par la discrimination très nette qu'elle a faite des intérêts de la construction navale et de l'armement.

Pourquoi les deux questions ont-elles été toujours liées ensemble ? Parce que, dans les premières lois, les avantages complets de la prime à la navigation n'étaient accordés qu'aux navires de construction française. Mais, au fond des choses, chacune des deux industries obéit à des lois spéciales et leurs intérêts sont — nous ne disons pas opposés - , mais si différents qu'à la Commission de 1897, M. Charles-Roux demandait qu'ils fussent traités dans deux lois séparées et indépendantes. « Mêler ces deux éléments, disait-il, c'est, non seulement inutile, mais nuisible à l'un et à l'autre ».

La question de la protection de la construction navale est donc, en réalité, un peu en dehors de notre sujet. Cette industrie n'a qu'un lien de fait avec la Marine marchande à laquelle elle fournit ses instruments de travail. Si l'armateur est libre d'acheter son navire où il veut et, à moins de lui imposer l'achat en France comme compensation d'avantages spéciaux, comment l'en empêcher ? —, la question de la construction navale lui importe peu. C'est donc uniquement comme une branche spéciale de la métallurgie que cette industrie doit être considérée. C'est comme telle qu'elle doit être traitée par les Pouvoirs Publics.

Pour supprimer ses primes, il faut lui donner un régime spécial qui la mette en état de s'exercer dans des conditions sensiblement égales à celles de ses concurrents. Or, le problème est très difficile à résoudre ; impossible, même, sans sacrifices de l'État.

D'une façon générale, il est bon de laisser au commerce et à l'industrie la plus grande liberté ; ce sont les lois économiques et non les lois administratives qui doivent en diriger les manifestations. Les industries se créent, se développent, se transforment, disparaissent suivant les besoins, les nécessités, les circonstances plus ou moins favorables. Les produits s'écoulent selon les lois de l'offre et de la demande. Dans tel pays, telle industrie peut naître et prospérer, qui ne saurait vivre ailleurs. Une meurt, une autre se crée qui réussit et produit un plus grand bien que la première. La disparition complète d'une des manifestations nombreuses de l'activité économique peut n'avoir qu'une influence secondaire ou insignifiante sur la prospérité générale. Si son existence n'est pas possible en raison de conditions particulièrement défavorables, l'industrie ne se crée pas et tout est dit.

Mais le problème devient plus délicat lorsqu'on se trouve en face d'une industrie qui revêt un caractère d'utilité publique, d'intérêt général, de sauvegarde nationale. Il ne suffit pas de dire : si la construction navale n'est pas possible en France, elle disparaîtra et nous aurons recours à la production étrangère.

La question se pose autrement. L'existence des chantiers de constructions navales est-elle une nécessité commandée par l'intérêt public ? Faut-il prendre des mesures spéciales, faire au besoin des sacrifices pécuniaires pour les faire vivre, s'ils ne le peuvent par leurs propres moyens ?

C'est là toute la question.

Il ne s'agit pas d'intérêts particuliers. Il ne s'agit même pas seulement d'intérêts généraux d'une industrie particulière qui constituerait un facteur important de la prospérité du pays, mais sans avoir une influence plus décisive qu'une autre ; il s'agit d'une industrie telle qu'elle ne peut pas ne pas exister.

Il ne faut pas se faire d'illusions. La Construction navale française ne peut encore vivre par ses propres moyens, pour la raison bien simple que la quantité de navires construits par les chantiers britanniques permet la division du travail, la construction en séries, qui assurent des prix rémunérateurs, bien que peu élevés, et donnent aux constructeurs anglais la maîtrise du marché mondial.

Nous ne pouvons pas construire en séries parce que nous n'avons pas une clientèle suffisante ; nous n'avons pas une clientèle suffisante parce que, ne pouvant construire en séries, nous demandons des prix trop élevés.

Or, cette situation, les intéressés sont actuellement impuissants à la dénouer. Les chantiers se fermeront si on ne les aide pas.

Mais il ne faut pas qu'ils se ferment.

On a, dans les multiples études auxquelles on s'est livré depuis quarante ans, essayé de découvrir un système. Plusieurs même peuvent se concevoir, soit séparément, soit ensemble. Par exemple, exemption de droits de douane sur les matières servant à la construction ; admission temporaire ; tarifs très réduits pour les transports de matériaux par voie ferrée.

Mais, quelle que soit la forme donnée à ces mesures, de quelque nom qu'on les appelle, que l'on alloue des primes ou que l'on dispense des paiements de droits, le fond est le même : donner les moyens d'exister à une industrie indispensable au point de vue national.

A ceux qui, la considérant comme impossible en France, critiquaient les sacrifices faits pour la maintenir et voulaient l'abandonner à elle-même, les événements actuels viennent de faire une vigoureuse réponse. On a vu quelle aide elle peut apporter à la défense nationale par ses installations, son outillage et son personnel ; et si l'on met en regard des sacrifices consentis, les services de toute nature rendus par ces magnifiques entreprises, les dépenses passées, si lourdes qu'elles soient, pèseront d'un poids léger dans la balance.

*
* *

En ce qui concerne l'armement, la question, tout aussi importante, et de même ordre au point de vue général, est un peu différente au point de vue des solutions, d'abord parce que les compensations sont infiniment moins couteuses, puis, parce que les charges de l'armement ne résultent pas seulement, comme celles de la construction, de faits économiques qu'il n'est pas au pouvoir du législateur de modifier et dont les conséquences ne peuvent guère être atténuées que par des compensations pécuniaires directes ou par des systèmes comportant, en fin de compte, des exemptions de taxes et de droits, mais de lois et de règlements dont certains, au moins, pourraient être améliorés.

C'est ainsi qu'une réduction des taxes de pilotage et l'octroi de certaines franchises représenteraient, pour le commerce maritime, un sensible allégement tout en laissant encore aux pilotes de beaux bénéfices. Il en est de même des actes qui régissent le personnel naviguant et la composition des équipages. C'est en 1866 que l'on réclamait déjà une réforme complète de l'Inscription maritime et beaucoup d'autres réformes. Sans doute certaines d'entre elles peuvent paraître difficiles à réaliser, en l'état actuel de nos mœurs ; nous sommes loin de le méconnaître et nous ne prétendons pas que toutes devraient et pourraient être accomplies. Mais, enfin, il faut toujours revenir au principe qui domine le débat. Nous voulons avoir une Marine marchande. Or, si à la rigueur, la plupart de nos industries peuvent se tirer d'affaire, malgré la concurrence étrangère, les difficultés sont beaucoup plus grandes pour la navigation maritime.

Toute loi doit se mesurer aux facultés de celui auquel elle s'impose ; mais toute loi qui affecte une industrie, continuellement aux prises avec l'industrie étrangère, doit, en outre, se modeler sur la législation des pays rivaux. Sinon, il faut absolument compenser, par une protection spéciale, les charges imposées aux nationaux et dont les concurrents seraient exempts et faire disparaître, de façon ou d'autre, les motifs d'infériorité.

C'est un fait que, de toutes les législations, c'est la nôtre qui, pour le recrutement des équipages, pour les obligations de rapatriement, est la plus dure pour l'armement. Ceci n'est pas une appréciation, c'est un fait. C'est un fait également que l'interdiction de désarmer dans un port étranger n'existe guère que dans nos lois. C'est un fait enfin, bien que d'un autre ordre, que nos navires ne trouvent pas, dans nos ports, le fret lourd de sortie qui est un élément important du succès d'une entreprise.

On reproche souvent aux armateurs leur incompétence et leur inertie. Faut-il donc admettre que seule cette catégorie de citoyens est incapable de faire son métier et, par un travers d'esprit assez singulier, trouve sa satisfaction à mal gérer ses affaires et à compromettre sa fortune ? Il serait plus raisonnable de reconnaître, ce me semble, que l'industrie maritime est une industrie difficile ; que si l'Italie, l'Autriche, l'Espagne, la Russie, le Japon, où elle s'exerce dans des conditions plus faciles, allouent des subsides à leurs armateurs, il n'est pas étonnant que les nôtres en aient également besoin.

*
* *

Il nous paraît inutile de développer davantage ces considérations. Nous sommes en présence de difficultés de fait qu'il faut résoudre. Après celles de 1873, de 1897, de 1903, une grande enquête sur la situation de nos industries maritimes serait absolument inutile.

Proroger purement et simplement le système des primes nous semblerait fâcheux, d'abord pour le Trésor qui en supporte le poids, — pour les industries maritimes elles-mêmes qui s'habitueraient à vivre sous un régime qui ne doit pas être permanent, parce qu'il n'est pas le régime normal.

Supprimer les primes complètement et d'un trait de plume, c'est, si l'on n'y a pas substitué à l'avance une certaine somme d'améliorations qui doivent les remplacer, s'exposer à renouveler la fâcheuse expérience de 1866 et à revenir, après une période plus ou moins longue, au système des subventions...

Natura non facit saltum, disent les naturalistes. Les questions économiques ne se doivent pas non plus solutionner par de brusques transformations.

Pourquoi ne s'achemineraît-on pas par étapes à la suppression des primes? Il y a quelque vingt cinq ans, on allouait, sur le budget du Ministère du Commerce, des subventions, relativement élevées eu égard au petit nombre des intéressés, à la fabrication des huiles de schiste. Elles devaient durer six ans et s'élever à 300.000 francs les deux premières années, 200.000 francs les deux suivantes et 100.000 francs les deux dernières, après quoi elles seraient définitivement supprimées. Il y eut, il est vrai, une prorogation, mais cette prorogation fut d'assez courte durée et malgré quelques résistances, la suppression complète, facilitée par la dégression des allocations, fut effectuée sans difficultés sérieuses.

Plus récemment, lorsque le législateur renouvela les encouragements aux grandes pêches maritimes, il attribua à la loi du 26 février 1911 une longue durée, vingt cinq ans, mais il décida que le taux des allocations serait réduit une première fois au bout de dix ans, une seconde fois après la vingtième année, jusqu'à l'échéance de la loi.

La loi de 1906 n'avait-elle pas, d'ailleurs, appliqué, en partie, le même principe en faisant décroître le taux des primes à la construction?

Nous verrions donc assez volontiers continuer le système de la loi de 1906 qui est excellent en lui-même et qui, en pratique, a donné d'excellents résultats, mais corrigé sur certains points particuliers et tempéré par des dispositions qui nous achemineraient à la suppression définitive.

On pourrait concevoir, par exemple, soit une réduction à la fois pour la construction et la compensation d'armement, en une ou plusieurs étapes, soit une disposition spéciale imposant une révision des taux fixés à l'échéance d'une période déterminée. Les bénéficiaires auraient devant les yeux la perspective d'une disparition des subsides et seraient portés à prendre des mesures en conséquence. L'Etat, de son côté, serait incité à exécuter des réformes pour ne pas susciter les réclamations des intéressés et se trouver obligé de maintenir

le taux de primes dont il n'aurait rien fait pour justifier la réduction.

C'est ainsi, croyons-nous, que l'on arrivera le plus sûrement
à la suppression totale, souhaitable pour l'Etat, souhaitable
pour la Marine marchande, et acceptée d'ailleurs volontiers,
lorsqu'elle aura été préparée et justifiée, par les armateurs
eux-mêmes qui y verront comme un affranchissement et une
délivrance.

Les premières années, au lendemain de la guerre, seront
évidemment lourdes pour le Trésor Public, mais les charges
iront sans cesse en s'atténuant.

Enfin, il est encore une solution, provisoire sans doute,
mais peut-être la plus expédiente et la plus adéquate à la situation actuelle, qui consisterait en une prorogation de la loi
pour une très courte durée.

Et, en effet, de quoi demain sera-t-il fait ? Quand pourrons-
nous, sinon retrouver la vie normale et l'équilibre parfait, du
moins sortir du trouble causé par le cataclysme qui aura tout
bouleversé? A Dieu ne plaise que nous fassions des pronos-
tics que les plus avisés ne peuvent se permettre, mais en face
de quelle situation de fait allons-nous nous trouver ?

Ecartons l'hypothèse de la défaite, même d'une paix boi-
teuse qui pourrait nous priver d'une partie, si faible soit-elle,
de notre domaine minier. Plaçons-nous — nous le faisons
sans peine — dans l'hypothèse de la victoire complète qui
nous apporterait, avec le territoire que nous n'avons jamais
voulu considérer comme définitivement perdu, le complément
des richesses métallurgiques du bassin de la Lorraine. C'est,
du coup, notre capacité de production passant de 5 millions à
10 millions de tonnes de fonte brute. C'est une magnifique
perspective d'avenir pour notre métallurgie. Mais combien de
temps faudra-t-il, d'abord pour reconstituer les outillages dé-
truits, puis pour arriver effectivement à ce rendement, réglementer la production, trouver des débouchés, une clientèle,
et ensuite trouver des intermédiaires pour servir cette clientèle, des moyens de transport, sur voie ferrée ou sur voie
d'eau, pour véhiculer ces produits ?

Cette seule considération a une telle importance pour la si-

tuation générale de notre industrie métallurgique et, par ré-
percussion, sur l'industrie des transports maritimes, que,
dans la question qui nous occupe spécialement aujourd'hui.
elle pourrait faire pencher vers une solution transitoire.

Mais cette solution se heurte à une grave objection : c'est
qu'elle ne convient qu'à la construction navale et nullement à
l'armement. En effet. cette incertitude du lendemain pèse
surtout sur les constructeurs et sur toute l'industrie métallurgique qui, jusqu'à la fin des hostilités et quelque temps après,
ne pourra apprécier exactement sa propre situation ni, par
suite, ses besoins ; en outre, le constructeur n'a plus à s'inté-
resser au navire dès qu'il est construit. Le point de vue n'est
pas le même pour l'armateur ; il faut que, dès la fin de la
guerre, je dirais presque dès maintenant, il songe à renouve-
ier sa flotte ou à fonder une flotte nouvelle. Or c'est là
une opération de longue haleine ; et il faut, avant de
l'entreprendre, qu'il sache à l'avance, quel sera pour toute
la durée de leur navigation, le régime de chacune des unités
qui formeront la masse de son capital industriel. non seulement celles qui seront construites aujourd'hui, mais celles qui
le seront demain et plus tard, suivant la mesure des besoins
généraux de l'entreprise.

Au surplus. l'objection n'est pas invincible et nous trouve-
rons dans l'excellente loi de 1906 la solution de la difficulté.

Puisque, comme nous l'avons maintes fois remarqué, les intérêts de la construction navale et de l'armement sont différents et ont été nettement distingués dans cette loi, pourquoi
n'envisagerait-on pas un régime distinct pour chacune des
deux industries ? Le régime de l'armement serait prorogé
pour une longue durée. d'après les principes actuels tempé-
rés par certaines dispositions prévoyant soit une revision,
soit une réduction automatique du taux des primes : celui de
la construction serait prolongé pour une très courte période
après laquelle de nouvelles dispositions seraient prises soit
dans la même loi, soit dans une loi spéciale à la construction,
puisque cette procédure a été rendue possible par la discrimination très nette, faite dans la loi de 1906, du régime de
la construction et de celui de l'armement.

La loi du 19 avril 1906 subsisterait d'ailleurs dans son prin-

cipe et dans ses caractères essentiels. Il serait toutefois utile
d'y apporter, en même temps que certaines simplifications
d'ordre purement administratif, quelques améliorations qui
nous paraissent présenter un très réel intérêt.

Il faudrait : 1° édicter des dispositions de nature à favoriser la construction des navires à moteur ; 2° supprimer certaines dispositions bonnes pour les lois antérieures, rendues
applicables mal à propos à la loi nouvelle et constituant des
entraves à la liberté de la navigation ; 3° favoriser la création
de lignes régulières.

*
* *

1° Aucune disposition de la loi de 1906 n'a visé spécialement les navires à moteur, car, au moment où cette loi a été
préparée et même votée, la question ne se posait pas encore.
Elle ne fut soulevée que quelque temps après, à l'occasion
des premières constructions de cette nature, d'abord pour les
navires à voiles munis d'un moteur auxiliaire, puis pour les
navires à moteur proprement dits, munis ou non d'une voi-
lure auxiliaire. Il fut décidé que les premiers seraient, au
point de vue de la prime à la construction comme de la compensation d'armement, considérés comme des voiliers, les se-
conds comme des vapeurs. La solution était assez rationnelle.
Elle ne laissait pas cependant de donner prise à la critique.
Il était bien évident, en effet, que, pour établir le taux des
primes, le législateur de 1906 avait pesé scrupuleusement les
charges de la construction navale, examiné les conditions
d'exercice de cette industrie, ses procédés, ses méthodes,
tous les facteurs, en un mot, qui réglaient son existence et
qui devaient intervenir pour la détermination des charges qui
motivaient l'allocation des primes. Or cette étude n'avait pas
porté sur les navires à moteur. On pouvait donc soutenir,
avec quelque raison, que les taux fixés ne se rapportaient nullement à ces navires et ne correspondaient pas à la somme
de protection dont ils pouvaient avoir besoin. Quoi qu'il en
soit, la solution indiquée plus haut fut admise.

Les espèces n'ont d'ailleurs pas été très nombreuses.
L'application des dispositions de la loi aux navires à moteur
dont elle n'avait pas fait mention, n'a pas suffi pour favoriser

notre construction. La prime aux chaudières et machines à vapeur est basée sur le poids ; or les moteurs à pétrole, à puissance égale, sont beaucoup plus légers et plus coûteux. Leur assimilation aux machines à vapeur les met donc dans un état d'infériorité vis-à-vis de celles-ci.

On a, sans doute, la ressource du moteur étranger, mais certain article de la loi, l'article 12, réserve le bénéfice des primes à la construction aux navires dont la coque, ainsi que les machines motrices et les chaudières, ont été construites en France, c'est-à-dire qu'un navire dont les machines motrices proviennent de l'étranger ne peut rien recevoir, non pas seulement pour ces machines — ce qui se comprend parfaitement — mais même pour la coque qui serait construite en France. On aperçoit le but de cette disposition : c'est de protéger notre métallurgie. En effet, si l'on primait la coque d'un navire pourvu de machines étrangères, le constructeur de la coque serait protégé, mais non pas le métallurgiste. .

On a demandé, plusieurs fois, une atténuation de cette disposition de l'article 12, en vue d'attribuer la prime aux coques des navires construits en France auxquels seraient adaptés des moteurs étrangers. La crainte de favoriser la main-d'œuvre étrangère a fait échouer ces demandes. La question présente, aujourd'hui, beaucoup moins d'intérêt : l'énorme développement des moteurs, leur emploi de plus en plus répandu dans les transports terrestres, dans l'aviation, dans l'armée, nous a permis de rattraper le temps perdu, et on peut dire que cette industrie est, ou va être, en France, à peu près en mesure de fournir les instruments puissants nécessaires à la grande navigation.

La seule mesure nouvelle à envisager serait donc l'introduction, dans la législation, de quelques dispositions fixant d'une façon plus équitable et plus rationnelle les allocations de primes aux moteurs.

*
* *

2° La prime de navigation, allouée par les lois précédentes, était basée sur la distance parcourue ; le long-cours recevait la prime intégrale, le cabotage international, les deux tiers, le cabotage réservé en était exclu. La considération de trafic n'intervenait que rarement. Les habitudes, les procédés de la navigation s'étaient façonnés sur ces principes. Tel armateur ne se livrait qu'au cabotage international, tel au long-cours ; les escales entre ports français étaient évitées, même avec transport de marchandises étrangères. La loi de 1902 a apporté une légère modification, et la loi de 1906 une beaucoup plus grande aux premières règles. La base du calcul est l'état d'armement et non plus la distance parcourue, et la considération du trafic est intervenue. La navigation s'est également modifiée. L'armement, au lieu de se cantonner dans un genre exclusif, tend, de plus en plus, à plus de variété ; il va où l'appelle une opération commerciale, quelles qu'en soient les limites : long-cours, cabotage international, cabotage réservé. Mais, au lieu d'édicter des dispositions précises, adéquates aux réalités de la navigation, le législateur de 1906 a procédé par références aux dispositions des lois antérieures. Il en est résulté un manque d'adaptation qui n'a pas été sans inconvénients sérieux. C'est ainsi que tel article de la loi de 1902, rendue applicable aux navires de la loi de 1906, empêche, en raison de certaines déchéances qui en résulteraient pour lui, un navire qui revient d'Extrême Orient ou du Brésil de prendre, à Tanger ou à Lisbonne, des marchandises à destination des divers ports de France où il doit faire escale à son retour.

Il faut faire disparaître ces anomalies qui constituent une entrave à la liberté du commerce maritime sans aucun profit pour le Trésor, et baser les allocations exclusivement sur la nature du trafic.

*
* *

3° Enfin, et c'est sur ce point que doit porter toute notre attention, il faut prendre des mesures spéciales pour aider à la création de lignes régulières. Il le faut parce que c'est par ces lignes que se créent les mouvements commerciaux et que se développe notre influence. Depuis longtemps, cette question a préoccupé tous ceux qui s'intéressent au sort de votre navigation et au développement de notre activité commerciale. A côté des grandes lignes subventionnées dont l'existence est indispensable, mais qui coûtent fort cher au Trésor, et dont les cahiers des charges, rigides et encombrés de dispositions trop touffues, entravent quelque peu les mouvements, il y aurait place, semble-t-il, pour des lignes à organisation plus souple, commandées par la seule obligation d'une certaine régularité, mais laissées libres de se prêter aux exigences de la clientèle, aux nécessités du trafic, aux conditions multiples et variables qui règlent les échanges commerciaux.

On a souvent opposé la grande utilité des encouragements à ces lignes à l'intérêt très contestable des primes allouées sans discernement à toute navigation. Et cependant, si étrange que cela paraisse, on introduisait dans notre législation des dispositions, — de ces dispositions, comme on en voit quelquefois dans les lois et qui, sous une apparence inoffensive, quelquefois même sous les dehors d'une grande sagesse, produisent dans la pratique les effets les plus inattendus, les plus invraisemblables, les plus désastreux, — on introduisait, dis-je, des dispositions telles qu'elles n'ont d'autre effet que de mettre obstacle au but poursuivi.

Déjà, dans la loi du 9 avril 1902, un certain article 9 avait été imaginé, dans cet ordre d'idées ; l'avantage promis était le paiement annuel d'une subvention globale évaluée d'après la navigation supposée pour l'année entière. Mais, comme rançon de cet avantage, un peu mince, on l'avouera, l'armateur devait prendre certains engagements pour le nombre de voyages, la dimension des navires, etc... se soumettre aux conditions d'un cahier des charges et passer par une série de formalités, autorisations de plusieurs Ministres, décret en Conseil d'Etat.

Le résultat ne répondit pas à l'intention. Aucun armateur, aucune société ne chercha à profiter d'un léger avantage qu'on lui faisait payer si cher.

La loi de 1906 s'appropria cette disposition : il n'est pas besoin d'expliquer pourquoi le résultat fut le même. Si aucune ligne n'avait pu se créer avec la forte prime de la loi de 1902, comment en eût-il été autrement avec la compensation d'armement de 1906 qui n'en représente guère que le quart?

Mais il y a plus. Une autre disposition — de la nature de celles auxquelles nous faisions allusion tout à l'heure — allait, sous les apparences d'une précaution fort sage, et inspirée d'ailleurs par une excellente intention, marcher tout droit contre le but à atteindre, sans être compensée, d'ailleurs, par des avantages réels.

On sait qu'un des grands reproches adressé à la loi de 1893, c'est d'avoir accordé aux voiliers une prime très élevée sans aucune condition de trafic. Aussi, a-t-on maintes fois répété, les navires voyageaient sur lest, se contentant, pour recettes, de la prime à la navigation et distribuant malgré cela de beaux dividendes. Nous avons fait justice de ces allégations fantaisistes qui ne supportent pas un examen sérieux (1). Mais il n'en est pas moins vrai — et nous l'avons volontiers reconnu — que la prime était trop élevée et qu'elle prenait, dans les préoccupations de l'armateur, une place qui eût été plus utilement tenue par le souci exclusif de ses affaires. Hanté par ce souvenir, le législateur de 1906 n'eut qu'une idée : couper court aux abus. Mais il ne prit pas garde que si, en 1893, l'obligation de certaines conditions de transport eut pu s'expliquer par l'élévation du taux des allocations, cette exigence n'avait plus sa raison d'être en 1906 avec une allocation très faible. On ne s'est pas rendu compte que la compensation ne représente qu'un facteur insignifiant dans l'ensemble des recettes. Nous l'avons expliqué précédemment : cette compensation est d'environ 10 à 12 francs par an par tonneau de jauge brute, c'est à dire 50 à 60.000 francs pour un vapeur de 5.000 tonneaux. Or les frais annuels d'un semblable navire, variables sans doute d'après les genres de navigation, représentent toujours à tout le moins 4 à 500.000 quelquefois 6, 7, 800.000 francs ou, même plus. Comment admettre que la prime suffise à elle seule pour séduire un armateur, si inconsidéré qu'il puisse être ? Et à quoi bon, alors, lui imposer certaines conditions de transport d'un minimum de marchandises, conditions qui, si le minimum est élevé, sont une entrave continuelle à la navigation et quelque

(1) *La législation protectrice de la Marine marchande.* A. CHALLAMEL, édit., 17, rue Jacob, Paris 1913.

peu en contradiction avec le principe de la loi, et, s'il est faible, sont absolument inutiles parce qu'il est facile d'y satisfaire.

Et de fait, sauf des exceptions extrêmement rares, ces conditions ont toujours été remplies. Ces quelques-cas très exceptionnels sont précisément ceux où il y avait un intérêt de premier ordre à ne pas les imposer, c'est-à-dire les cas de création de lignes régulières dont le début est toujours pénible, où les dépenses sont fortes, les recettes faibles et où, par conséquent, les encouragements de l'Etat devraient compenser les insuffisances du trafic initial.

Nous en citerons un exemple frappant : lorsqu'en 1912, après quelques hésitations trop justifiées par les difficultés à vaincre, la Compagnie Générale Transatlantique réalisa le hardi projet d'inaugurer, à côté de puissantes lignes étrangères installées depuis longtemps, son service sur le Canada, sait-on comment elle fut récompensée de ses efforts ? Par une suppression de 10 0/0 de la compensation sur le premier voyage, par suite de l'insuffisance du tonnage transporté !

Un pareil résultat n'est-il pas déconcertant ?

Il faut le rendre impossible en faisant disparaître d'une façon absolue la condition de transport devenue inutile, et également la condition d'un parcours moyen entre la date de l'armement et celle du désarmement, inspirée par des préoccupations analogues.

Etant donné le peu d'importance de l'allocation par rapport aux dépenses et aux recettes de l'exploitation d'un navire, ce serait folie à l'armateur de se lancer dans une entreprise, sans avoir d'autres éléments de recettes beaucoup plus importants. Que le législateur prenne des précautions contre les abus, cela se comprend, mais ici les abus ne sont pas à craindre ; l'intérêt de l'armateur l'incite à ne pas suivre les errements que le législateur a voulu empêcher ; c'est là une garantie plus efficace que celle d'un texte de loi.

Mais il ne suffit pas de faire disparaître une disposition inutile et nuisible. Tout le monde est d'accord sur le puissant intérêt des lignes régulières de navigation : il faut donc prendre les moyens de les encourager et substituer une combinaison plus expédiente à celle de l'article 9 de la loi de 1902.

La difficulté étant au début, c'est le début qu'il convient de faciliter. On pourrait arriver à ce résultat par une majoration momentanée et décroissante. Pendant une année ou deux, par exemple, la compensation serait abondée de 50, 60 0/0 ou même plus ; pendant une nouvelle période de deux ans, de 25 0/0 ; après quoi, elle demeurerait fixée au taux ordinaire. Au lieu de retirer tout ou partie de la compensation au navire qui n'a pu trouver dans son trafic une rémunération suffisante, on compenserait l'insuffisance de ce trafic jusqu'à ce qu'il ait eu le temps de se développer.

Je vois poindre ici deux objections : d'abord, la majoration ne va-t-elle pas faire revivre les pratiques qui ont suivi la loi de 1893 ? En outre, ne sera-ce pas une source de nouvelles dépenses, une aggravation des charges du Trésor ?

Nous sommes persuadé que ces craintes sont vaines. La compensation d'armement actuelle n'est guère que le quart de l'ancienne prime. Même si on la majorait de 100 0/0 pendant deux ans et de 50 0/0 pendant les deux années suivantes — et il ne serait sans doute pas nécessaire d'aller jusque-là, — on n'atteindrait que la moitié de l'ancienne prime pour la première période, un peu plus du tiers pour la seconde. Comment admettre que l'appât d'un avantage, déjà faible au début, appelé à diminuer et à disparaître assez vite, suffise pour attirer l'armateur dans une opération qui ne serait pas basée sur d'autres considérations plus solides et sur des perspectives plus séduisantes ? Les risques seraient trop gros pour lui.

Quant à la seconde objection, nous ne la croyons pas plus fondée. Bien au contraire, et nous pensons que la combinaison aurait comme conséquence indirecte une diminution d'autres dépenses.

Lorsque l'intérêt général paraît commander la création d'une ligne de navigation, un seul moyen s'offre au Gouvernement : la convention avec une compagnie. D'une part, la Compagnie s'engage à l'accomplissement des clauses du cahier des charges, et, d'autre part, l'État lui alloue une subvention. C'est le contrat bilatéral dans toutes sa rigueur, impérieux pour la Compagnie, onéreux pour l'État. Les subventions aux grandes lignes de navigation coûtent, en effet,

fort cher : plus de 30 millions par an pour une flotte de
450 à 500.000 tonneaux. Le régime des conventions est
donc infiniment plus coûteux que le droit commun et, cependant, les Compagnies subventionnées ne trouvent pas toujours dans leurs contrats une source de profits.

On ne saurait nier, sans doute, l'intérêt de ces conventions
pour certaines grandes lignes de navigation imposées par
des considérations de politique extérieure, des nécessités coloniales, militaires, postales. Mais ces lignes doivent être
exceptionnelles. Or, actuellement, on se trouve forcément
amené, dès qu'apparaît l'utilité d'un service nouveau, à recourir à la ligne contractuelle régie par un cahier des charges
sévère, surchargé d'obligations inutiles pour le commerce,
qu'il faut payer très cher à celui à qui on les impose.
L'intérêt de l'armateur c'est d'avoir la liberté de ses mouvements ; à ce prix il réduira beaucoup ses exigences. Quant
aux chargeurs et aux commerçants, ils réclament, eux aussi,
beaucoup moins une ligne surveillée de près, régie par des
conditions étroitement fixées, obéissant à un règlement rigoureux, appliqué dans un esprit de contrôle bureaucratique,
qu'une ligne régulière, mais dont la régularité n'est pas figée
dans des formules trop étroites et qui est susceptible de se
prêter aux exigences du trafic.

Tel est, semble-t-il, le rôle éminemment utile que pourrait
jouer une disposition législative favorisant l'éclosion de ces
nouvelles organisations sans susciter un accroissement de
l'ensemble des dépenses, car on arriverait ainsi, au moyen
d'une majoration légère et momentanée, à un résultat sensiblement égal à celui du système actuel obtenu par des sacrifices plus lourds et permanents.

Combien de fois n'aurait-on pas pu précipiter la création
de lignes qui ont tardé à se former ou n'ont pas pu aboutir,
ou n'ont abouti que grâce à la lourde subvention ? Faut-il citer les lenteurs de l'organisation des services maritimes sur
le Maroc, la création d'une ligne sur les au-delà de Panama,
et celle du Canada, que nous citions tout à l'heure ? Actuellement, une Commission chargée, sous la haute autorité de
M. Méline, de préparer le développement des relations commerciales avec la Russie, vient de demander la création d'une

ligne de navigation sur les ports de la Baltique, et, vu la difficulté de mettre sur pied une semblable entreprise, réclame l'appui de l'Etat. Les Sociétés d'armement ne seraient-elles pas incitées à former d'elles-mêmes ces courants nouveaux, si leur initiative devait trouver dans la loi une atténuation, et non pas, comme actuellement, une aggravation de leurs premiers sacrifices ?

Nous ne préconisons pas ces modifications comme une panacée devant laquelle doivent s'évanouir toutes les difficultés, simplement comme des mesures opportunes, facilement réalisables, susceptibles de donner des résultats pratiques et utiles.

Dans la crise que traverse le monde, il nous a paru que le mieux était, pour le moment et jusqu'à ce que nous puissions voir un peu plus clair dans la situation, de nous en tenir à la législation existante, excellente dans son principe et dans ses dispositions essentielles, mais aussi de limiter, autant que possible, la durée des sacrifices qu'elle entraîne pour le Trésor, et en même temps de lui faire porter tous ses fruits.

L'EFFORT NÉCESSAIRE

Ce n'est pas sans quelque hésitation que nous avons, dans les chapitres précédents, employé le mot de protection. Ce mot, en effet, prend souvent, dans la circonstance, une acception foncièrement inexacte. On lui attribue une idée de générosité exagérée, un caractère d'aumône dont on accentue encore le sens désobligeant, en faisant ressortir à la fois l'élévation des dépenses et la pauvreté des résultats obtenus. On comprend, d'ailleurs, dans ces dépenses les subventions postales qui ne sont pourtant que le prix d'un contrat bilatéral, débattu entre les parties et dans lequel la somme payée par l'État n'est que la rançon des obligations souvent très lourdes imposées par les cahiers des charges aux concessionnaires des services, ce qui écarte toute idée de protection.

Quant aux primes proprement dites, environ trente millions par an, durant ces dernières années, et dont la plus grande partie va à la construction navale et à la métallurgie, c'est là, sans doute, un chiffre élevé : mais est-il donc si disproportionné avec l'importance des intérêts en jeu, avec le but à atteindre ? Dépasse-t-il celui de la protection accordée à l'agriculture et à d'autres industries ? Car, que sont, en fin de compte, les différents systèmes protecteurs, sous quelque forme qu'ils se manifestent, sinon des sacrifices faits par l'État, sur le budget, ou, ce qui revient au même, par le citoyen ? Le système de l'admission temporaire des métaux n'est-il pas un abandon des droits de douane consenti en faveur de la fabrication et de la main-d'œuvre nationales ? Et les droits de douane de 7 francs par quintal de blé, s'ils apportent à l'État une recette sur les 8 ou 10 millions de quintaux achetés à l'étranger, ne se traduisent-ils pas, pour le consommateur, par une charge beaucoup plus considérable, puisqu'ils représentent une augmentation de prix, sinon exactement correspondante, du moins très appréciable, sur les 90 ou 95 millions de quintaux fournis par le producteur français ? (1).

La protection accordée par l'État à la Marine marchande doit donc être considérée uniquement comme la protection due à cette industrie, de même qu'à toutes celles qui présentent un caractère d'intérêt public, comme une application. sous une forme particulière, d'un principe général.

Cette considération domine toute étude de la situation de nos industries maritimes et des améliorations à y apporter.

Mais la question n'est pas résolue. L'État n'est pas déchargé de toute obligation, l'armement n'est pas affranchi de tout devoir. A la protection nécessaire devra répondre l'effort nécessaire. Effort à donner surtout par l'armateur qui ne peut pas plus négliger tous les moyens d'action et de progrès que le cultivateur, protégé par un droit de douane qui lui permet de vendre ses blés à un prix suffisamment rémunérateur, ne peut se refuser à améliorer son outillage. Effort aussi de l'État, non par une intervention dans les affaires de ceux qu'il veut protéger, mais par la préparation des lois et règlements qui permettent le libre jeu de leur activité et par l'abstention de toute mesure susceptible de jeter un trouble dans la marche des affaires ou d'en entraver le développement.

L'armement doit agir : l'État doit lui faciliter l'action.

*
* *

Nous avons vu que, depuis 1906, notre flotte avait réalisé des progrès plus rapides, plus constants et plus marqués qu'à aucune période, depuis de nombreuses années.

Mais, comment se sont comportées, depuis la même époque, les marines rivales ? Car, s'il est nécessaire, avons-nous dit, pour doser la somme de protection à laquelle ont

(1) Nous calculons sur une année normale, l'importation étant très variable suivant la récolte.

droit nos industries maritimes, de s'inspirer de la situation des concurrents étrangers, de même, pour apprécier les progrès accomplis, faut-il les mesurer par comparaison avec les mêmes concurrents.

Or, voici la situation d'après les statistiques du Bureau Veritas (1) :

Pavillons	Tonnage brut en 1907 (vapeurs)	Tonnage brut en 1914 (vapeurs)	Augmentation en 1914
Anglais	16.195.483	20.476.100	26 0/0
Allemand	3.464.003	5.157.610	48 0/0
Américain (Etats-Unis)	1.768.119	2.388.540	35 0/0
Français	1.283.712	1.926.737	50 0/0
Norvégien	1.168.117	1.962.834	67 0/0
Japonais	984.524	1.705.149	73 0/0
Italien	777.580	1.450.310	86 0/0
Russe	772.375	987.364	27 0/0
Néerlandais	706.241	1.544.273	118 0/0
Espagnol	677.483	896.383	32 0/0
Suédois	637.203	1.038.869	63 0/0
Autrichien	609.799	1.026.059	68 0/0
Danois	584.883	757.349	29 0/0
Grec	355.883	832.312	133 0/0

L'ensemble de la flotte mondiale de vapeurs qui était de 30.962.939 tonneaux en 1907, est passé à 43.640.530 tonneaux en 1914, soit, en plus, 41 0/0.

On voit que, pendant cette période, l'accroissement de la flotte française est plus accentué que celui de l'ensemble, puisqu'il est de 50 0/0 contre 41 0/0. Il est proportionnellement plus important que celui de la Grande-Bretagne, de l'Amérique et de l'Allemagne. Mais il faut noter aussi, d'une part, que la marine de ces trois puissances ayant déjà pris un très grand essor, la proportion des progrès récents ne diminue que parce que la comparaison se fait avec un chiffre déjà très élevé ; d'autre part, que notre amélioration est inférieure à celle de la Norvège qui nous a légèrement dépassés, du Japon, de l'Italie et des Pays-Bas, qui

(1) Cette situation ne comprend pas les petits bateaux ayant un tonnage net inférieur à 50 tonneaux. Elle ne porte que sur les vapeurs, les statistique ne donnant pas, jusquà l'an dernier, le tonnage brut des voiliers. D'ailleurs la proportion des voiliers est presque insignifiante comparée aux vapeurs.

nous suivent de près, et surtout de la petite Grèce qui marche à pas de géant.

Si la comparaison actuelle, faite sur les années 1900 à 1914, est plus consolante que les précédentes, elle nous fait voir, en même temps qu'un gain réel, la nécessité d'un plus grand effort.

Quelles sont, d'autre part, nos relations maritimes avec les autres ports étrangers ? Elles sont assurées, depuis longtemps, d'abord par de grands services réguliers sur la Méditerranée, le Levant, sur l'Espagne, le Portugal, l'Angleterre, les Indes, la Chine, le Japon, New-York, la Côte Est du Mexique et de l'Amérique du Sud, une grande partie de la Côte Ouest de l'Afrique, une partie de la Côte Est, et enfin l'Australie et la Nouvelle Calédonie, puis par certains services, plus ou moins réguliers, plus ou moins fréquents, sur le Nord de l'Europe, sur la Côte Ouest de l'Amérique du Sud et de l'Amérique du Nord, sur diverses régions de l'Afrique.

Mais, combien de régions ne sont pas, ou sont encore insuffisamment desservies par les armateurs français ? L'Office national du Commerce Extérieur, dont l'inlassable activité cherche sans cesse à aider nos commerçants et nos exportateurs dans la préparation de la tâche de demain, et dont la documentation en matière maritime, comme en matière commerciale, n'est jamais en défaut, signalait récemment les régions où l'absence des lignes régulières françaises se fait le plus regretter.

Europe. — Les ports russes de la mer Baltique ne sont — ou n'étaient avant la guerre — desservis que par une ligne française de navigation « France Baltique » et seulement toutes les trois semaines environ, au départ de Dunkerque, Le Havre, La Pallice et Bordeaux.

La Suède, la Norvège et le Danemark n'ont de services directs et réguliers avec la France que par des lignes anglaises, danoises, suédoises et norvégiennes.

Hambourg n'est relié à Marseille que par des lignes allemandes ou hollandaises.

Si actif que soit notre trafic avec la Grande-Bretagne, les

ports français ne sont pas reliés par des compagnies françaises à certains ports importants, comme Glasgow, Hull, Manchester et Southampton. L'Irlande n'a pas de relations directes avec la France : les marchandises doivent être transbordées à Liverpool ou à Manchester.

Le Havre, Bordeaux et Marseille n'ont pas de relations directes sous pavillon français avec Amsterdam, ni Rotterdam ; seuls, les ports de Rouen et de Dunkerque en ont par les services réguliers de la Compagnie Worms sur Rotterdam et de la Compagnie franco-néerlandaise de Dunkerque sur Rotterdam.

Sur l'Adriatique, les ports de Venise, Bari, Ancône, Brindisi, Trieste, Fiume ne sont reliés à la France que par les Compagnies étrangères Adria et Ozean Linie.

Enfin, les ports du nord de la France ne sont généralement reliés directement, ni avec les ports italiens, ni avec les ports des États Balkaniques, ni avec les ports russes de la Mer Noire.

Asie et Extrême-Orient. — Pas de relations régulières sous pavillon français avec les ports du Golfe Persique: Bassorah, Bender, Bouchir, certains ports des Indes anglaises, tels que Kurrachee et Rangoon, les ports de Sibérie, Mandchourie et Corée, tels que Nowchang, Tahiénonan, Chemoulpo, Fousan, etc... enfin avec Manille.

Afrique. — L'Afrique du Sud n'est desservie que par des lignes anglaises ou allemandes, dont certaines touchent à Marseille.

Aucune communication directe avec la France n'existe sous pavillon français avec les colonies anglaises, allemandes, espagnoles ou portugaises de la Côte occidentale.

Amériques. — Nos relations sont très suivies avec New-York ; elles commencent avec le Canada. Mais nous n'avons aucune relation directe avec des ports très importants comme Boston, Philadelphie, Baltimore, Charleston et Savannah, qui sont reliés aux ports d'Angleterre, de Belgique, des Pays-Bas et d'Allemagne par des lignes directes de navigation. Quant aux ports de l'Amérique du Nord sur le Pacifique, aucune communication directe, la Compagnie Générale Transatlantique accepte seulement des marchandises par transbordement à Panama et à Tehuantépec.

La Côte atlantique de l'Amérique du Sud est bien desservie par notre pavillon, sauf, pourtant, certains ports de l'Amazone et du Sud du Brésil. Quant à la côte du Pacifique, elle n'est en relations directes avec nous qu'au moyen des navires des compagnies anglaises et allemandes. Cependant, nous sommes en relations suivies, sinon absolument régulières, au moyen des lignes de grands voiliers, avec les ports du Chili et avec plusieurs grands ports de l'Amérique du Nord sur la côte du Pacifique.

Enfin, en *Océanie*, la Nouvelle-Zélande, la Tasmanie, les îles Hawaï, les îles Fidji, Touga, Marshall, les Mariannes, les Carolines, Bornéo et la Nouvelle Guinée n'ont aucune communication avec la France.

*
* *

La situation générale des relations maritimes se trouvera sans doute très sensiblement modifiée après la guerre. Déjà des lignes nouvelles sont établies ou vont l'être sous divers pavillons. C'est ainsi que le Japon ouvre un service *via* Panama, vers les ports des Etats-Unis baignés par l'Atlantique. Six navires de 6 à 7.000 tonnes, dont deux construits à Port-Glasgow et quatre au Japon y sont affectés. En vue de pousser le service jusqu'en Europe, six navires de même taille et de même type sont actuellement commandés au Japon, *pour être prêts en temps voulu*, dit une gazette bien informée (1) à subvenir aux demandes de tonnage, *quand, antérieurement ou postérieurement à la fin de la guerre*, les exportations du Royaume-Uni augmenteront.

Remarquons, en passant, au sujet du Japon, que des tentatives faites l'an dernier pour réduire les subventions aux navires ont échoué. Ces tentatives ont été ou vont être renouvelées ; en attendant on a alloué, pour 1915, les sommes antérieurement prévues.

(1) *Shipping and Mercantile Gazette*, 29 juin 1915.

Les États-Unis, en dépit de leur loi récente « Seamen's Act », qui a soulevé les protestations des armateurs américains aussi bien que des armateurs étrangers, songent à développer leur navigation de concurrence qui, jusqu'ici, était presque inexistante. En attendant que les projets ayant en vue la constitution d'une marine marchande d'État aient abouti, une loi du 18 août 1914 a facilité l'accession des navires étrangers à la nationalité américaine. Les constructeurs avaient en chantier pour des armateurs américains, au mois de juin 1915, 266.124 tonneaux contre 93.606 l'an dernier ; 200.000 tonneaux étaient commandés par des armateurs étrangers (1). Et l'on envisage, en même temps que la création de services sur l'Amérique du Sud, l'intervention du Gouvernement pour prêter à l'American Linie, en vue de la construction de grands navires, la même assistance financière que donnait naguère le Gouvernement britannique à la Cunard Line.

En même temps, il vient de se fonder à New-York, sous le nom de « National Maritime League », une organisation ayant pour but de convaincre l'opinion publique de la nécessité de développer la marine marchande américaine.

Des négociations ont été entamées récemment, paraît-il, en vue de l'établissement d'un service régulier entre New-York rapprochés : la route est libre de glaces et la durée du voyage ne serait que de 4 jours. Un chemin de fer de pénétration serait construit de Vigo à Valladolid et on songerait à faire de Vigo un port franc.

La Hollande et les pays scandinaves poussent de plus en plus leur construction et leur navigation déjà très actives pendant ces dernières années : la Norwegian Mexico Gulf Steamship C°, d'accord avec d'autres compagnies scandinaves, étend ses services à différents ports de l'Océan Pacifique. La Transatlantic Steamship C° de Gotembourg ouvre un service vers le golfe Persique.

Il nous est malheureusement difficile aujourd'hui, étant donné la participation très active d'une grande partie de notre

<hr/>

(1) *Shipping and Mercantile Gazette*, 22 juin 1915.

flotte commerciale aux nécessités urgentes de la défense nationale, de suivre l'exemple que nous offrent les autres marines libres de tous leurs mouvements. Comment lancer des
services nouveaux, quand faute de matériel, il n'est possible de continuer qu'avec peine et en partie seulement, les
services existants ? Peut-on demander aux armateurs autre
chose que d'étudier les organisations à créer, que de se tenir
prêts pour la lutte lorsque les moyens matériels leur permettront de l'affronter ? Nous savons d'ailleurs que plusieurs
Compagnies de navigation font déjà visiter certains ports et
certaines régions, soit par des agents locaux, soit par des
missions spéciales. La Compagnie des Chargeurs Réunis
notamment cherche à amorcer un service sur la côte de Ma-
labar; à étendre son trafic sur certaines îles de l'Atlantique
et sur la côte occidentale d'Afrique : enfin à réaliser le projet
que les menaces allemandes ne lui avaient pas permis de
mettre sur pied, il y a 10 ans : placer à Anvers la tête de ligne
de ses services sur le Brésil et la Plata. La Compagnie transatlantique se tient prête à essayer un nouveau service sur
les au-delà de Panama.

Les grandes lignes postales desservent un nombre trop
limité de pays et nous avons expliqué, dans le chapitre
précédent, pourquoi elles ne rendaient pas à notre commerce
d'exportation tous les services dont il a besoin. Si, comme
nous voulons l'espérer, la loi nouvelle donne certaines facilités pour la constitution des lignes régulières de moindre
envergure, mais de plus de souplesse, il faut que, de son côté,
l'armement y réponde. Dans l'énumération de toutes les lignes de navigation entre les divers points du globe, il y a
trop de vides pour le pavillon français. Nos Compagnies de
navigation ont un effort à faire et cet effort est possible. Mais
il faudrait peut-être auparavant changer certaines méthodes
ou oser certaines innovations.

*
* *

Je tiens tout d'abord à me défendre d'adresser aux armateurs et aux grandes Compagnies de navigation les reproches
violents que trop souvent on déverse sur eux et dans lesquels

la banalité le dispute au parti-pris. Mais, s'il y a quelque injustice à imputer systématiquement à l'armement, un insuccès dont il est plus souvent la victime que l'auteur, du moins est-il permis de signaler les errements regrettables et de suggérer les modifications susceptibles d'être apportées dans les méthodes, dans les procédés, dans l'organisation.

L'armement français ne s'est-il pas toujours tenu un peu en dehors du commerce général et de l'industrie, établissant, sans doute, ses services dans les directions où il espère trouver des transports, mais sans contact constant avec ses clients naturels, soit pour les difficultés à résoudre, soit pour le développement des affaires en cours, soit pour l'établissement de nouveaux comptoirs, de nouvelles entreprises, dans lesquelles commerçants et armateurs auraient tout intérêt à lier partie ? D'ailleurs, le commerce lui-même n'a peut-être pas fait grand'chose de son côté, reprochant souvent à l'armement de manquer d'une initiative dont il était lui-même assez dépourvu. La marchandise suit le pavillon, dit-on; c'est souvent exact, mais, souvent aussi, c'est la marchandise qui favorise l'extension du pavillon. C'est ce que faisait remarquer, il y a quelques années, le Directeur de la Compagnie Hamburg-America, M. Ballin, à propos des Conventions passées en 1903 entre le Gouvernement anglais et la Compagnie Cunard. « C'est une grande erreur de croire, disait-il, qu'il suffit de créer le moyen de communications pour créer le trafic et l'agrandir. D'abord, et avant tout, il faut avoir des négociants entreprenants pour envoyer les produits de l'industrie nationale dans les pays éloignés et en faire venir, en échange, les produits d'outre-mer (1). »

En réalité, les deux points de vue trafic et transport se tiennent étroitement et c'est à l'application de ce principe que sont dus les prodigieux succès de l'Allemagne dans son commerce comme dans sa navigation. Tout, là-bas, a été organisé d'après cette conception : représentants des compagnies d'armement qui sont en même temps des agents de placement des produits allemands ; commis-voyageurs apportant à la fois des commandes au producteur et du fret au transporteur.

_____

(1) Extrait d'un rapport de notre consul général à Hambourg.

Le lecteur a entendu parler des expositions flottantes orga
nisées à Hambourg. Ce sont des bâtiments affrétés pour aller
de port en port exposer sur le bâtiment lui-même, ou faire
connaître, par des expositions dans l'intérieur de la ville, les
modèles de produits nationaux. La commission, une fois
prise, est envoyée à la manufacture, soit directement, soit par
l'exportateur qui fait lui-même aux manufactures l'achat à
son compte et réexpédie la marchandise dans les conditions
convenues (1).

De même aussi, les musées d'exportation, comme il en existe
à Hambourg, où les fabricants ont une exposition permanente
des échantillons de leurs produits. Au lieu de courir de maisons en maisons, l'exportateur trouve dans ces musées les
produits que l'armateur expédiera outre-mer, car ces musées
ne travaillent que pour l'exportation, pour l'*outre-mer* même,
suivant leur expression, et l'on conçoit comment ces insti-
tutions peuvent être une aide précieuse pour le transporteur.

Dans un autre ordre d'idées, est-ce que, bien souvent, de
grosses difficultés ne seraient pas résolues par un accord d'autant plus efficace qu'il serait préparé par la connaissance ap-
profondie des matières sur lesquelles il porte et par le besoin
de s'adapter aux nécessités pratiques ? Nous en voulons citer
un exemple : c'est la question de la clause d'exonération de
responsabilité dans les connaissements. Depuis vingt ans,
trente ans et même plus, armateurs et chargeurs luttaient les
uns contre les autres, les chargeurs voulant interdire la
clause, les armateurs déclarant que cette interdiction les met-
trait dans un état d'infériorité marqué vis-à-vis de leurs concurrents étrangers, auxquels elle n'est pas imposée. Une
Commission instituée au Ministère du Commerce, il y a dix
ans, avait appuyé la thèse des armateurs et conclu que la
question ne pouvait être réglée que par une entente inter-
nationale. Des propositions de loi, prenant le contrepied
de ces conclusions, voulaient au contraire interdire la clause.
Les armateurs et les chargeurs eurent, certain jour, l'heu-
reuse inspiration de causer ensemble ; en peu de temps l'ac-

(1) *En Allemagne.* Etude industrielle, économique et sociale, par AU-
GUSTE BESSE. — Reffay et Comte, éditeurs. Lyon, 1911.

cord se fit. Il y eut bien certaines critiques de quelques-uns qui n'avaient pas pris part à la conversation, car il est contrariant de ne pouvoir dire, quand une affaire s'est heureusement terminée : « *Et quorum pars magna fui* » ; mais, somme toute, on arriva à un arrangement qui, s'il n'est pas parfait, a, du moins, le mérite d'exister.

D'une façon générale, il faut réagir contre une idée qui s'est développée en même temps que se développait la navigation maritime. C'est que la Marine marchande, par la complication de son outillage, s'est détachée du commerce. Autrefois — disent certains, et le public accepte trop volontiers cette idée — le navigateur était un commerçant, mais aujourd'hui le navire est une machine si compliquée que la partie technique de la navigation a tout absorbé. Eh ! sans doute, les procédés ont changé ; mais le fond est resté le même. Autrefois, le navire était une véritable entreprise commerciale qui commençait au moment du départ ou peu avant et se terminait au retour, très longtemps après. Le capitaine était non seulement le manœuvrier, mais le chef de la maison ou, du moins, il avait à côté de lui son subrécargue, c'est-à-dire un gérant, un administrateur qui réglait toutes les questions intéressant l'entreprise commerciale que synthétisaient complètement le navire et la cargaison.

Aujourd'hui, l'armateur d'un seul navire n'existe plus guère : le navire, même le grand navire n'est qu'une unité, nous dirions presque une petite unité d'un grand tout et il n'est pas rare de voir des maisons ou compagnies d'armement comptant 10, 20, 40 unités puissantes ou même plus. Qu'est-ce à dire, sinon que les relations se sont développées, que les rapports des différents pays entre eux deviennent de plus en plus fréquents ; que les produits de chaque territoire se répandent partout et s'échangent sans cesse ; que la multiplication des inventions et des procédés industriels, la pénétration de plus en plus grande de tous les produits, dans tous les pays, nécessitent une organisation de plus en plus intense, méthodique et régulière des moyens de transport ; par suite, la constitution de sociétés aptes à servir les multiples intérêts commerciaux que représente le développement de ces échanges et, par suite aussi, une union de plus en plus intime du transporteur et de l'industriel ou du commerçant, dont les intérêts sont de plus en plus étroitement unis ?

Qui sait même s'il ne serait pas bon d'étendre cette participation et de revenir à la conception d'autrefois, mais singulièrement agrandie dans ses applications ? Telle grande maison française d'armement à la voile a dû sa prospérité à ce qu'elle trouve la matière transportable dans les nitrates dont elle exploite d'importants gisements. Une grande compagnie étrangère parvenue à un haut degré de prospérité, a pour objet le *commerce, la navigation et l'industrie*, trois choses qui partout, sauf peut-être en France, sont considérées comme devant toujours être indissolublement unies.

Nous ne prétendons pas que des organisations aussi complètes puissent être généralisées. Cependant, elles pourraient être plus répandues et la possession d'un domaine colonial, aussi vaste que le nôtre, devrait favoriser cette extension.

En tout cas, même sans aller jusque là, on ne saurait trop insister sur l'intérêt d'une union de plus en plus étroite du commerce et de la navigation. Mieux vaudrait pour la Marine marchande être traitée comme une industrie secondaire, annexe et dépendante du commerce, que d'être considérée comme une industrie maîtresse, vivant en dehors et au-dessus du commerce. Elle y trouverait plus d'avantages.

*
* *

Il nous paraît indipensable de nous arrêter quelques instants sur une question d'ordre plus spécial, mais qui présente, à notre avis, une importance capitale, d'abord pour la construction navale, puis, et surtout, pour la navigation en raison des répercussions considérables qu'elle peut avoir sur celle-ci, à la fois au point de vue de l'utilisation commerciale du navire et du personnel navigant : c'est l'emploi des moteurs à pétrole comme moyen de propulsion principal.

La construction des moteurs pour la propulsion mécanique des navires et surtout des grands navires, a été jusqu'ici, trop peu étudiée en France. La faute en était sans doute, en partie, comme nous l'avons expliqué précédemment, à la loi de 1906, peut-être aussi à cet esprit de routine que l'on nous reproche, et quelquefois avec raison. Quelques unités ont été construites, et notamment, pendant ces derniers temps, un navire pétrolier de 5.000 tonneaux de jauge de 107 mètres de long. Mais ce sont là des faits trop rares. Ils sont beaucoup plus fréquents à l'étranger.

Déjà, il y a 5 ans, la Compagnie de l'Est-Asiatique danois avait entrepris la construction d'une flotte de plusieurs navires munis de moteurs Diesel, d'une capacité de 6.000 et 7.000 tonnes, et même plus, et fait installer ces moteurs sur plusieurs de ses navires à vapeur. Le 26 juin dernier, les chantiers Burmeister et Wain ont lancé, à Copenhague, pour cette Compagnie, le grand navire « Australien », qui peut charger 10.000 tonneaux, a des moteurs de 3.100 H. P. et doit assurer une partie du service entre Copenhague et l'Australie. Enfin, une dépêche de Copenhague au *Times*, en date du 15 septembre 1915, nous apprend que la même compagnie a décidé de vendre 10 de ses vapeurs, représentant un total de 75.000 tonnes et de les remplacer par des navires plus grands et à moteurs à pétrole.

Les journaux maritimes (1) nous font connaître journellement, non seulement des constructions nouvelles, mais des organisations nouvelles pour la construction des navires à moteurs de grands types. La puissante maison Bumeister et Wain, de Copenhague, en coopération avec les chantiers Akers, forme des plans pour la création, près de Christiania, d'un vaste chantier où pourront être construits des navires de 500 tonnes et plus.

Des chantiers de Gotha et de Gotembourg entrent dans la même voie.

Différentes compagnies de navigation scandinaves mettent en service un grand nombre de navires Diesel allant de 600 à 10.000 tonnes, principalement sur les routes du Pacifique, de l'Amérique du Sud, des Indes et de l'Asie orientale, bientôt sur l'Australie.

La « Fred Olsen Shipping Cᵒ », de Christiania, qui a créé récemment un service de la Norvège sur San-Francisco, fait

(1) Voir notamment la *Shipping and Mercantile Gazette*, mai et juin 1915.

construire pour cette ligne six grands navires à moteurs munis de chambres réfrigérantes.

Les Américains, s'ils n'ont pas mis ces navires sur leurs grandes lignes — qui sont d'ailleurs peu nombreuses — en ont déjà adopté un certain nombre pour la navigation sur les lacs.

Enfin, les armateurs anglais, bien qu'ayant peine à renoncer aux machines à vapeur, se décident cependant à faire construire des navires Diesel, convaincus qu'ils sont de leurs bons rendements et aussi de la supériorité de ces moteurs sur les machines à vapeur.

L'expérience ne date peut-être pas d'assez longtemps pour permettre de déterminer exactement tous les avantages du nouveau système de propulsion. Certains, du moins, apparaissent, dès maintenant, comme évidents et très appréciables (1).

C'est ainsi que la consommation en huile pour des navires d'environ 7.000 tonnes et d'une puissance de 2.500 H. P., n'atteindrait pas 9 tonnes en 24 heures, alors que celle du charbon pour les mêmes navires munis de machines à vapeur, serait d'environ 40 tonnes pour la même durée, d'où disparition des soutes à charbons et agrandissement des dimensions des cales. D'autre part, la portée est augmentée, par suite de la réduction du poids de la machinerie, d'où encore augmentation du tonnage et, en fin de compte, utilisation commerciale sensiblement plus avantageuse.

Un autre résultat très appréciable c'est la suppression des escales nécessitées par l'approvisionnement en charbon, et, en même temps, la suppression des divers inconvénients qu'elles entraînent : manutentions, frais d'entretien, échauffement du navire dû aux chaudières, surtout dans les pays tropicaux, etc...

Quant à l'économie de combustible, il serait peut-être prématuré de la chiffrer, bien qu'elle apparaisse déjà comme devant être sensiblement inférieure avec le moteur, moitié peut-être.

(1) Voir compte-rendu de la Compagnie de l'Est-asiatique danois, notamment 1911 et 1912, Copenhague Hertz's Bogtrykkeri, 19 Sct. Pederstroade.

La question des moteurs présente encore un intérêt d'un autre ordre et de premier ordre. Une des préoccupations les plus graves de l'armement, c'est la question du personnel. Les armateurs se plaignent des exigences en même temps que de l'indiscipline sans cesse croissante des équipages. Les équipages se plaignent de l'insuffisance des salaires et, certes, ces salaires ne sont guère élevés. Pourtant, ils le sont plus en France que dans la plupart des pays maritimes, sauf, peut-être, aux États-Unis. C'est d'ailleurs la principale raison pour laquelle la grande République américaine n'arrive pas à avoir une Marine marchande, en dehors de sa flotte de cabotage ou de navigation sur les lacs. Quoi qu'il en soit, il est hors de doute que, soit pour cette raison, soit parce que la population se désaffectionne du métier de marin, soit parce que, par suite de la disparition de la marine à voiles, on a moins besoin de marins proprement dits que d'ouvriers de différentes spécialités, la question de la main-d'œuvre est une des plus inquiétantes. Or le moteur à pétrole aidera peut-être à la résoudre. Il nécessite à coup sûr un personnel beaucoup moins nombreux. Sans doute, ce personnel est plus rémunéré. Aussi n'est-il pas sûr qu'il en résulte une économie pour l'armateur. Mais même si, à ce point de vue, il ne doit amener aucune diminution des dépenses, le nouveau propulseur aura rendu un service immense, s'il amène à la fois une réduction du personnel, une augmentation des salaires et, par suite, la disparition ou, tout au moins, l'atténuation des difficultés actuelles.

* * *

Que l'armement donc n'hésite pas devant toute perspective de réforme, tout idée d'amélioration, toute combinaison nouvelle offrant quelque chance de succès.

Quant à l'État, que peut-on lui demander de plus ?

Un ancien Ministre de la Marine nous donnera la réponse.

M. Pierre Baudin, lorsqu'il rapportait à la Chambre des Députés le projet de loi qui allait devenir la loi du 19 avril 1906, trouvait au système des primes de graves inconvénients.

« *Il oblige l'État*, disait-il, *à s'immiscer dans le fonctionne-*

« *ment de la marine* » et il ajoutait, comme un reproche :
« *l'Etat croit avoir tout fait quand, ayant encouragé par des*
« *sommes d'argent la navigation maritime, il la laisse isolée*
« *de l'organisation du commerce général, des chemins de*
« *fer, de la navigation intérieure, du régime même des ports,*
« *alors que l'essor de la marine est l'aboutissement de tous*
« *les efforts convergents du pays vers son expansion au de-*
« *hors* ».

C'est là, à la fois, un exposé de doctrine et un programme.

Nous reprochions tout à l'heure à l'armement de ne pas
être assez uni au commerce général dont il fait partie inté-
grante et dont il est, en même temps, le puissant agent de
liaison. C'est à la réalisation de cette amélioration que les
pouvoirs publics doivent s'appliquer, dans le domaine qui
leur est propre.

Que l'Etat aide à la conclusion d'accords entre les Compagnies de chemins de fer et les Compagnies de navigation ;
qu'il développe les voies de navigation intérieure ; qu'il fasse
de nos Consuls des agents d'expansion commerciale ; qu'il
crée ou développe les organes de propagande et de renseignements ; qu'il ait toujours en vue, dans les accords internatio-
naux, comme dans les lois douanières, les intérêts de notre
commerce maritime, qu'il s'en préoccupe dans la législation
financière comme dans l'enseignement, dans l'organisation
coloniale comme dans la législation intérieure.

Nous ne nous étendrons pas sur ces matières, d'abord parce
qu'elles dépassent le cadre de cette modeste étude et nous entraîneraient trop loin, puis, parce que le sujet a été magistra-
lement traité et de façon très complète dans un rapport parlementaire fait par M. Landry, député, au nom de la Commission du Commerce et de l'Industrie chargée 1° d'étudier
les conditions actuelles de notre commerce d'exportation et
les moyens propres à en favoriser le développement ; 2° d'examiner la proposition de loi de M. Raoul Péret et plusieurs de
ses collègues, ayant pour objet de modifier la loi du 4 mars
1898 sur l'Office National du Commerce extérieur.

Avec l'auteur de ce rapport, nous insisterons sur la nécessité pour l'Etat de faciliter l'union de toutes les forces vives
qui tendent à développer notre puissance économique et à

porter bien loin par delà les frontières nos produits, notre action, notre influence.

Quand nous demandons l'extension des tarifs combinés entre les Compagnies des chemins de fer et les compagnies de navigation, c'est moins pour le bénéfice direct et immédiat qu'en peut retirer l'armateur, qu'à cause du lien plus étroit, du contact plus fréquent et plus intime qui en résultera entre les deux intérêts qui se complètent et s'entraident.

C'est pour la même raison que nous voudrions voir dans nos Consuls, surtout ceux des ports, moins des fonctionnaires exclusivement administratifs que des agents d'expansion de la puissance économique du pays.

C'est aussi pour ce motif que nous devons applaudir aux propositions faites pour l'organisation du crédit maritime, le raccordement des chemins de fer avec les voies de navigation intérieure, l'établissemnt de zônes franches autour des ports, ou encore, comme celle dont nous venons de parler, pour étendre l'action de l'Office national du Commerce extérieur et accroître sa participation à l'étude des questions financières, commerciales et maritimes.

Voilà en quoi l'action de l'Etat peut s'exercer efficacement. Mais voilà aussi à quoi elle doit être limitée.

Déjà, en 1905, M. Pierre Baudin, en rapportant la loi sur les primes, reprochait à ce système de permettre l'immixtion de l'Etat dans les affaires de l'armement. Plus récemment, lorsque la Commission des relations commerciales avec la Russie envisageait, en vue de faciliter le crédit à long terme, la création d'un grand organisme financier, son éminent Président, M. Méline, résumant d'une façon saisissante la pensée de la Commission, posait en principe que, pour la création de cet organisme, il fallait tout d'abord *écarter l'intervention opprimante de l'Etat*.

Les Pouvoirs publics, certes, ont une grande mission à remplir : préparer les lois, les appliquer sans faiblesse, prendre des décisions rapides et sûres et, dédaignant les intérêts particuliers, ne rechercher que l'intérêt général ; c'est là une tâche assez lourde et suffisante pour absorber toutes les pensées et calmer les généreuses impatiences de l'homme d'Etat avide de se dépenser pour le bien public. Ne leur demandons rien de plus.

Souhaitons, pour terminer, que l'esprit public, retrempé dans les rudes épreuves et les beaux sacrifices, comprenne que la vie d'un pays ne se développe pas seulement par la prudence et par l'épargne, mais encore et surtout par l'initiative, l'audace, l'énergie ; qu'il cesse de décrier les vastes entreprises d'industrie, de commerce et de navigation ; qu'il porte au contraire sur elles ses encouragements et ses sympathies comme sur tout ce qui représente une valeur, une force, une puissance. C'est de la somme de toutes ces forces, unies aux forces morales qui les fécondent et les soutiennent qu'est faite la puissance d'une nation. C'est par elles que la France, après le triomphe de ses armes, règnera dans le plein épanouissement de sa grandeur et de sa beauté.

Paris. — Typ. A. Davy, 52, rue Madame. — *Téléphone* : *Saxe 04-19.*

car

www.ingramcontent.com/pod-product-compliance
Lightning Source LLC
Chambersburg PA
CBHW070907210326
41521CB00010B/2096